Cogito *versus* ubuntu

Les rapports entre individu et société
analysés dans un cadre anthropologique et
linguistique

Pierre Frath & René Daval

Nous tenons à remercier les nombreuses personnes qui nous ont aidés à écrire ce livre : les collègues qui nous ont apporté leur aide précieuse, les experts qui nous ont renseignés sur tel ou tel point particulier, et les amis qui ont accepté de le lire avant sa publication et de nous donner leur avis.

Pierre Frath & René Daval

SOMMAIRE

INTRODUCTION

L'humanité est désormais en route vers une société globalisée dominée par des conceptions philosophiques, économiques et politiques nées en Europe et étendues à toute la planète à partir de la Renaissance et de la conquête du monde par les Européens. Du Groenland à la Chine, du Mexique au Japon, de la Finlande à l'Afrique du Sud, on porte les mêmes vêtements, on utilise les mêmes machines, on consomme les mêmes biens, on écoute souvent la même musique et on regarde les mêmes films... Il y a certes des pays riches et des pays pauvres, des démocraties et des dictatures, il y a des injustices et des guerres, mais nous pensons collectivement qu'il est possible d'améliorer les choses, que les difficultés actuelles ne sont que transitoires : les pauvres deviendront riches, les dictatures se transformeront en démocraties, les guerres vont s'arrêter, la raison va prévaloir, les injustices seront éliminées, le bonheur de tous sera possible... Nous avons d'ailleurs mis en place des institutions internationales qui agissent dans ce but sur la base d'une Déclaration Universelle des Droits de l'Homme, reconnue par tous les pays.

Il y a donc un accord global sur le bien, y compris, paradoxalement, chez les pires ennemis de l'Occident, les terroristes islamistes. Leurs crimes ne sont en effet que la négation de notre bien. Ils le savent pertinemment lorsqu'ils filment la décapitation de leurs prisonniers, posent des bombes dans des lieux publics, ou dynamitent les ruines de Palmyre, prenant sciemment le contre-pied de valeurs unanimement considérées comme bonnes. Ils ne commettent pas leurs forfaits « innocemment » pour suivre une tradition qui s'imposerait à eux, comme c'était le cas, à l'époque de Jules César, chez les Gaulois et les Germains pour qui la guerre était un mode de vie auquel il était impensable de se soustraire.

L'Occident a fait prévaloir ses valeurs et son mode de vie. Sa domination fut d'abord coloniale, puis politique et économique. Dorénavant, elle est aussi idéologique : les esprits sont acquis aux points de vue occidentaux, même si certains, comme les islamistes, s'ingénient à les illustrer négativement. On peut avancer des causes conjoncturelles à ce phénomène, comme la suprématie des économies occidentales ou l'extension mondiale de l'internet, mais ces explications sont trop générales et ne disent rien sur l'acquiescement individuel.

Dans ce livre, on montrera que l'assentiment aux valeurs occidentales est lié à la propagation universelle d'une idée à la fois très séduisante et très périlleuse, celle de la prévalence de l'individu sur la société. Dans la plupart des cultures, un enfant était jusqu'à récemment considéré comme entièrement déterminé par sa famille, corps et âme. Ce qu'il est et ce qu'il deviendra, c'est ce que ses parents sont et ce que ses ancêtres ont été. Sa vie et sa place dans la société sont déterminés par son lignage, son sexe, ou encore le métier de ses parents. Platon a introduit une grande nouveauté dans la conception de l'homme : si le corps de l'enfant est bien le fruit de l'amour de ses parents, son âme, elle, est d'origine céleste. Il s'ensuit une certaine égalité des âmes, qui se valent toutes à la naissance[1]. Les différences ultérieures, en bien ou en mal, proviennent de la manière dont chacun gère sa vie. Nous sommes alors responsables de notre destinée, donc libres, et l'individu devient la valeur suprême, la mesure de toute chose. Le christianisme est fondé sur cette même idée : Dieu prête une âme au corps et le moment venu il portera un jugement sur la vie que la personne a menée.

L'égalité à la naissance est ainsi à l'origine de la liberté individuelle. Et si les âmes ont toutes la même valeur, leurs voix aussi, et la démocratie devient possible. Pourtant, et chacun peut le constater, les inégalités sont légion dans tous les pays, y compris dans les démocraties ; l'égoïsme et la cupidité sont la face obscure de l'individualisme occidental. Si les inégalités sont le fruit de comportements moralement condamnables, comme le vol ou la corruption, il s'agit là d'infractions théoriquement réprimées par la loi. Mais la plupart sont produites par le système économique lui-même, qui permet à certains d'accaparer légalement les richesses au détriment des autres. Pour compenser l'injustice économique, les pays développés ont mis en place des systèmes de répartition fondés sur la solidarité : sécurité sociale, retraites d'état, allocations chômage, aides sociales, etc. Ceux qui combattent la redistribution des richesses sont naturellement ceux qui la financent, c'est-à-dire ceux qui bénéficient des inégalités, qu'il s'agit alors de justifier. Pour cela, on peut avancer deux grands types d'arguments : la négation de l'égalité à la naissance, ce qui mène droit au rejet de la démocratie, au racisme et au fascisme, ou l'explication des

---

[1] Certaines de ces idées proviennent de l'œuvre de François Flahault (voir la bibliographie) ; elles seront développées dans la première partie de cet ouvrage.

différences de revenus par le mérite : la richesse serait alors la juste récompense du travail et de la créativité. Ce dernier argument, en plein essor depuis les années quatre-vingts, mène à l'adoption de lois favorisant les classes aisées, et les inégalités augmentent alors inéluctablement. Les classes dominées cessent alors de participer à la vie démocratique ou votent pour des partis qui se présentent comme antisystème. Trop d'inégalités sociales et économiques ôtent finalement à l'humanité le bénéfice de l'égalité originelle des âmes.

Cet individualisme ontologique de l'Occident qui place la personne avant la société, nous le nommerons *cogito* dans ce livre, en référence au *cogito ergo sum* de Descartes, « je pense donc je suis ». Il sera opposée à une attitude plus communautaire, appelée ici *ubuntu*, un mot bantou qu'on pourrait gloser par « je suis parce que nous sommes ».

Il ne s'agit pas d'opposer l'Occident au reste du monde, de blâmer l'un, d'encenser l'autre. L'humanité vit naturellement dans des *ubuntus* locaux, dorénavant durement confrontés à des conceptions fondées sur la prépondérance de l'individu. Si le *cogito* a raison des *ubuntus* locaux avant qu'un *ubuntu* plus global ait pu se forger, alors on peut sans risque prédire des conflits sans fin. Les tensions entre ces deux pôles seront examinées et on verra que leur méconnaissance est à l'origine de nombreuses erreurs politiques, philosophiques et économiques ayant engendré divers malheurs et dysfonctionnements. Formulée en termes géopolitiques globaux, la question est de comprendre comment des *ubuntus* locaux peuvent se fondre harmonieusement dans un *ubuntu* plus global, qui intègrerait les aspects positifs d'un *cogito* débarrassé de ses excès, notamment dans le domaine de l'économie et de la politique.

Dans la première partie, on précisera les notions de *cogito* et d'*ubuntu* et on montrera la prévalence du *cogito* dans nombre de domaines de la vie de nos sociétés occidentales, ainsi que l'affaiblissement concomitant de l'*ubuntu*. Dans la seconde partie, seront examinés divers problèmes tels que le terrorisme islamique, la démocratie en Irak, l'éducation moderne, la construction de l'Union européenne, l'hégémonie de la langue anglaise, les conséquences du colonialisme sur les langues et cultures locales, ou encore la question des mutilations sexuelles féminines en Afrique de l'Est. Tout cela peut sembler assez disparate, mais on verra que ces questions sont liées entre elles par les notions de *cogito* et d'*ubuntu*. Quelques propositions seront formulées dans l'espoir qu'elles pourront contribuer à résoudre certains problèmes et à en éviter d'autres.

Première partie

Ubuntu et *cogito* : deux conceptions de l'humanité opposées

Chapitre 1

Ubuntu

On raconte qu'un anthropologue a proposé le jeu suivant à des enfants de l'ethnie xhosa, en Afrique du Sud. Il a mis un panier de fruits sous un arbre et il a dit aux enfants que le premier arrivé gagnerait tous les fruits. Au signal, tous les enfants se sont élancés en même temps... en se donnant la main ! Puis ils se sont assis ensemble pour profiter de leur récompense. Lorsque l'anthropologue leur a demandé pourquoi ils avaient agi ainsi alors que l'un d'entre eux aurait pu avoir tous les fruits, ils ont répondu : « *Ubuntu*. Comment l'un d'entre nous peut-il être heureux si tous les autres sont tristes ? ».

Ubuntu est un mot de la langue bantoue qui se décompose en *–ntu*, « humain », et en *ubu-*, un préfixe d'abstraction. Il signifie donc quelque chose comme « humanité », mais avec un sens beaucoup plus vaste et riche, une humanité qui construit les êtres par partage mutuel. Le mot est notamment lié au proverbe bantou « Umuntu ngumuntu ngabantu » signifiant à peu près : « Je suis ce que je suis parce que vous êtes ce que vous êtes », « Je suis ce que je suis grâce à ce que nous sommes tous », ou encore « Je suis parce que nous sommes »[2].

L'archevêque Desmond Tutu commente ainsi la notion d'*ubuntu* : « *Ubuntu* parle en particulier du fait qu'on ne peut pas exister dans l'isolement en tant qu'être humain. Cela parle de notre interdépendance. On ne peut pas être un humain tout seul »[3]. Le terme *ubuntu* apparaît dans des sources sud-africaines vers le milieu du XIXème siècle. Son usage en philosophie s'est développé dans les années 1950, et plus particulièrement dans les années soixante-dix, où il en est venu à nommer un humanisme africain basé sur une sorte de socialisme naturel opposé à l'humanisme de l'Occident basé sur l'individu, et donc égoïste. L'*ubuntu* serait responsable de ce sens de l'hospitalité si typique de l'Afrique, et de la capacité spontanée de ses habitants à entrer dans des relations intersubjectives riches et chaleureuses. L'Afrique serait ainsi un terrain favorable à l'instauration d'un socialisme communautaire se distinguant radicalement des pratiques coloniales où la terre et les ressources sont accaparées par les colons, ne laissant aux colonisés que des miettes pour subvenir à leurs besoins. L'*ubuntu* a ainsi été un instrument idéologique au service de la lutte contre la colonisation.

On perçoit cependant les limites d'une telle position philosophique : si l'*ubuntu* est une caractéristique africaine, cela revient à attribuer aux Africains une certaine supériorité morale. Mais une telle affirmation ne fait que renverser l'argumentaire colonialiste. La France des XIXème et XXème

---

[2] *Ubuntu* est aussi le nom d'un système d'exploitation informatique très convivial basé sur *Linux*, créé par un Sud-Africain, Mark Shuttleworth.
[3] Voir http://www.institut-repere.com/METAPHORES/ metaphore-96-je-suis-parceque-nous-sommes.html et l'article Wikipedia sur *ubuntu*.

siècles justifiait la domination des peuples « primitifs » par une « mission civilisatrice » fondée sur une supériorité intrinsèque, l'amenant à apporter aux peuples qui stagnent aux échelons inférieurs de l'évolution les bienfaits de la civilisation moderne. Les Britanniques ont conçu leur mission civilisatrice en termes plus négatifs, puisqu'ils l'ont appelé « le fardeau de l'homme blanc », *The white man's burden*, d'après un poème de Rudyard Kipling de 1899 qu'on peut interpréter comme une justification du colonialisme. Tandis que la France prétendait répandre la civilisation moderne avec enthousiasme et abnégation, la Grande-Bretagne se sentait quant à elle poussée par une sorte de fatalité à se lancer dans la conquête du monde afin de donner aux « peuples indigènes » un exemple de perfection humaine et de hauteur de civilisation. D'une certaine manière, la différence sémantique entre la « mission » et le « fardeau » illustre bien les attitudes post-coloniales des deux pays : là où l'un a essayé de maintenir avec les jeunes pays africains des liens étroits mais parfois abusifs (ce qu'on a appelé la « Françafrique »), l'autre a rapidement abandonné la scène coloniale et son fardeau en y laissant souvent des germes de conflits à venir comme à Chypre, en Palestine, en Ouganda, au Pakistan, ou en Rhodésie.

Si l'Occident reprend cette inversion de la moralité à son compte, c'est qu'elle s'inscrit dans un grand classique de la morale bourgeoise, l'attribution de qualités morales aux démunis et aux inférieurs. On accorde volontiers au peuple une certaine noblesse de caractère ou d'âme ; on loue facilement sa simplicité et sa générosité, sa spontanéité et sa franchise, sa résilience devant l'adversité, le courage des soldats au combat, la beauté du geste manuel, « le geste auguste du semeur ». Ces thèmes sont récurrents dans la littérature des XIX^(ème) et XX^(ème) siècles.

Dans le cas de l'Afrique, il s'agit pour l'Occident de compenser des décennies, voire des siècles d'exploitation coloniale par des actes de foi ostensibles et des paroles apaisantes sur l'égale dignité des peuples et la reconnaissance de l'Autre, voire l'octroi d'une certaine supériorité. Mais celui qui attribue le compliment se place souvent au-dessus de celui qui le reçoit. Comment réagirait un Français si un Zoulou (ou un Allemand) l'assurait du fond du cœur que la culture française est digne de respect et que même si le Français est Autre, il est l'égal de tous, voir supérieur à certains égards, par exemple dans le domaine de la gastronomie ?

On ne peut racheter une faute par une autre, d'autant plus que l'*ubuntu* n'est pas non plus une panacée morale. Il y a un revers à la médaille : la solidarité et le partage ne s'étendent pas au-delà de la communauté.

Les enfants xhosas mentionnés au début de ce chapitre ont donné une belle leçon d'éthique à l'anthropologue, et à travers lui, à la société occidentale tout entière, souvent égoïste, cupide et calculatrice. Mais comment se serait déroulée la course si des enfants zoulous ou bochimans avaient été présents parmi les enfants xhosas ? L'*ubuntu* se serait-il appliqué à eux ? Il est à craindre que non. J'ai passé[4] quelques années en Afrique et j'ai pu constater un manque d'empathie flagrant des Africains envers les autres ethnies. Une sécheresse avait frappé les habitants d'un plateau, mais sans toucher les habitants de la plaine. Ces derniers ont parfois porté secours aux gens des plateaux qu'ils rencontraient, mais ils ne sont pas allés jusqu'à s'organiser pour les aider sur

---

[4] Nous utilisons le pronom « je » lorsque le passage concerne l'expérience personnelle d'un des auteurs.

place. Les seuls à faire cela furent les occidentaux par le moyen d'ONG comme *Médecins sans frontières* ou d'organisations comme la *Croix Rouge*. Leur action est sans doute rendue possible par la relative richesse des pays occidentaux et elle est sûrement liée au sentiment de culpabilité très chrétien qui imprègne nos sociétés. Les ONG musulmanes quant à elles, pourtant richement dotées par les monarchies pétrolières, ne sont actives que dans les zones où des musulmans sont en péril. Sans doute la notion d'Oumma, c'est-à-dire la communauté des musulmans, agit-elle comme une sorte d'*ubuntu* qui ne favorise pas la solidarité avec les non musulmans. L'*ubuntu* encourage effectivement le repli communautaire et le rejet des autres. Il sera vu plus loin que ce sont certaines caractéristiques de la culture occidentale qui expliquent pourquoi les Occidentaux se portent volontiers au secours d'autrui, quel qu'il soit.

Le discours sur la reconnaissance de l'Autre met l'accent non sur ce qui est commun aux hommes mais sur leurs différences : chaque peuple possèderait ses propres valeurs, dignes et respectables, et il est alors naturel qu'ils veuillent rester dans un certain entre soi, avec leurs propres coutumes et traditions. Outre que cette position contient les germes du « développement séparé », c'est-à-dire le fondement de l'apartheid selon l'argumentaire officiel à l'époque de sa mise en place en Afrique du Sud en 1948, elle est difficile à gérer d'un point de vue éthique. L'égalité des hommes et des femmes est admise dans les pays occidentaux, du moins en théorie, car dans la pratique, elle est loin d'être acquise. Mais comment une féministe occidentale doit-elle réagir face à la soumission des femmes en terre d'islam ? Faut-il imposer le point de vue occidental comme une valeur universelle, quitte à s'attaquer aux pratiques locales, ou bien au contraire, faut-il respecter les coutumes des Autres, quitte à relativiser ses propres valeurs et admettre le maintien de millions de femmes dans un état de soumission et de souffrance[5] ?

Jusqu'à ces dernières décennies, il allait de soi que le monde était constitué d'une multitude de cultures diverses et variées. Mais l'intrusion de l'individualisme occidental au sein des communautés suggère la possibilité d'une destruction massive des *ubuntus* locaux à court et moyen terme. D'ailleurs elle est en cours et elle est facilement observable dans les grandes villes du Tiers-Monde. Les habitants des bidonvilles ne vivent plus d'agriculture, de chasse ou de pêche, avec des traditions qui structurent leur univers, mais comme un sous-prolétariat miséreux et précaire qui a perdu ses sources et reste étranger à l'*ubuntu* occidental ; on y est à la fois déculturé par rapport à la tradition et sommairement acculturé à une sous-culture de masse occidentale.

Voici un extrait d'un texte que Françoise Héritier écrivit pour un séminaire dirigé par Claude Lévi-Strauss en 1974-1975 à propos de l'identité, un concept qui a bénéficié et bénéficie encore d'un grand succès et qui agaçait profondément Lévi-Strauss. Françoise Héritier parle de l'identité chez les Samos, un peuple de Haute-Volta (aujourd'hui le Burkina Faso) qu'elle a longuement étudié. Mais si, pour se conformer à la consigne du séminaire, elle a « tent[é] de découvrir où se situe l'identité de la personne samo », elle ne peut s'empêcher de poser la restriction suivante : « si tant est que ce concept ait chez eux un sens ».

« La seule armature véritable, celle qui fait et construit l'identité, est donnée par la définition sociale. La règle sociale collective s'incarne dans l'individu et lui donne son identité en

---

[5] Nous traiterons de la confrontation entre l'universalisme et le communautarisme relativiste dans la seconde partie de ce livre.

lui assignant une place, un nom et un rôle qui doit être le sien
en raison de sa situation généalogique et chronologique dans un
lignage donné : il est né dans un lignage de maîtres de la terre
ou de maîtres de la pluie, de fossoyeurs ou de forgerons, il est
homme ou femme, aîné ou cadet. L'identité samo est le rôle
assigné et consenti, intériorisé et voulu, qui est tout entier
contenu dans le nom, nom lignager et nom individuel ».

Françoise Héritier[6],
cité dans Jean-Claude Kauffmann[7].

Un Samo est ainsi entièrement défini par son sexe, son
lignage et le rang de sa naissance. La question d'un choix de
vie ne se pose pas et la place de chacun ainsi que son identité
sont déterminées par la société.

Mais projetons-nous à l'époque actuelle. Les Samos sont
dorénavant en contact quotidien avec des ingénieurs, des
techniciens, des enseignants, des médecins, et des étrangers,
tous francophones, et qui disposent de tous les accessoires
modernes : voitures, téléphones, ordinateurs, logements
climatisés, etc. Un autre choix de vie semble possible, et la
promesse d'une existence meilleure devient irrésistible. C'est
pourquoi les parents acceptent la scolarisation de leurs enfants
en français, et qu'ils sont même prêts à faire des sacrifices
pour financer leurs études. Les arrière-petits-enfants des
Samos que Françoise Héritier a connus savent désormais
qu'ils peuvent devenir médecins, sages-femmes, instituteurs,
ou anthropologues s'ils passent par les rituels scolaires
adéquats. La notion de place immuable dans la société a alors
toutes les chances de voler en éclats. Et avec la liberté du
choix commence l'angoisse des décisions : quelle place dans

---

[6] Françoise Héritier (1977): « L'identité samo », dans *L'identité*, C. Lévi-Strauss (coord.), Paris, Grasset, p. 511.
[7] Kaufmann Jean-Claude, 2004, *L'invention de soi. Une théorie de l'identité.* Armand Colin 2004, Hachette 2008, Paris, p. 57.

la société est-ce que je veux occuper ? Est-ce possible ? Qui m'en empêche ? Est-ce que la place que j'occupe effectivement est celle qui me convient ? Dois-je en changer ? Comment ? Il s'ensuit des interrogations plus métaphysiques telles que « qui suis-je ? », « pourquoi suis-je sur terre ? », ou « quel est le sens de ma vie ? ».

Ce questionnement sur l'individu peut affaiblir le sentiment de notre existence et produire une certaine insatisfaction quant à notre place par rapport aux autres, dont on veut se distinguer tout en restant accepté. La publicité fait d'ailleurs grand usage de cette contradiction en suggérant que des actes d'achat peuvent nous révéler ce que nous sommes à nos yeux et à ceux des autres : devenez telle ou telle personne spéciale et extraordinaire en achetant comme tout le monde telle ou telle voiture, petit gâteau, ou produit de beauté. « Distinguez-vous en vous habillant tous de la même manière », c'est la promesse contradictoire de la mode. Elle fait sens cependant, si on la contemple avec quelque recul, car ce qui compte, ce n'est pas d'exprimer une originalité personnelle, c'est de s'intégrer dans un *ubuntu* où nous serons reconnus, et pour cela, il ne faut pas trop se distinguer. On peut à la rigueur faire ce qui est admis pour pouvoir affirmer sa différence, mais sans dépasser les bornes tolérées pour l'exprimer. Un de mes amis travaillait dans le milieu bancaire en Allemagne, où tous les cadres portaient des costumes noirs ou bleu sombre. Il se distingua en choisissant des tissus comportant de très fines rayures blanches, à peine visibles. C'était suffisant pour donner l'impression qu'il était créatif et original. Un costume bariolé véritablement original aurait entraîné son rejet. La marge de manœuvre est plus importante chez les adolescents, et c'est pourquoi le commerce leur propose des pantalons troués à l'usine, des coiffures déstructurées, des vêtements fripés, des piercings et des tatouages, tout un attirail qui exprime conventionnellement une rébellion socialement admise. En d'autres termes, malgré l'individualisme dont nous sommes si fiers, nous sommes dans la situation des Samos des années cinquante : c'est bien le groupe qui fait l'individu. Seulement, pour les Samos, la transition risque de se faire dans la perspective de la perte irrémédiable d'une culture séculaire véritablement différente.

Quand l'individualisme s'insinue dans un *ubuntu* local, les conséquences sont dramatiques car l'évolution est irrémédiable. Lorsque les promesses n'ont pas été tenues et que les jeunes Africains se retrouvent dans les bidonvilles des grandes villes, aucun retour au *statu quo ante* n'est possible. Des idéologies peuvent alors se construire sur le mythe du retour à un passé ressenti comme idyllique, mais c'est un fantasme qui peut mener à la guerre. Rappelons que le nom des rebelles du nord du Nigéria, « Boko Haram », signifie « l'éducation occidentale est impie », d'où leurs attaques contre des écoles. Ils ont ainsi correctement identifié la source directe de leur aliénation, mais ils ont oublié qu'elle provenait d'une démarche volontaire de leurs parents et grands-parents, et de leur société toute entière qui mettait tous ses espoirs dans l'éducation. Les Occidentaux n'ont généralement pas eu conscience de l'impact négatif de leur domination culturelle et linguistique ; au contraire, l'idée d'aider les Africains à parvenir à une vie meilleure par l'éducation était une motivation puissante de l'action du colonisateur dans le cadre de sa « mission civilisatrice » (ou de son « fardeau d'homme blanc »), et par la suite dans celle des politiques d'aide au Tiers-Monde. De fait, beaucoup d'Africains ont eu des carrières brillantes qu'ils n'auraient pas eues sans une éducation occidentale.

Mais les conséquences ne sont pas plus positives pour l'*ubuntu* lorsque l'éducation réussit effectivement à donner une vie meilleure aux enfants, car ceux-ci se détournent alors volontiers de leur culture ancestrale[8]. Ils ont tendance à la mépriser car elle représente à leurs yeux une société et une culture attardées. Cette situation est générale. Ce fut aussi celle du yiddish alsacien au XXème siècle. Le linguiste Paul Lévy écrit en 1954 que « de larges milieux, juifs eux-mêmes, depuis longtemps, le considèrent comme trivial, en tout cas comme moins 'chic' que le français. Un inspecteur des écoles juives, il y a plus d'un siècle déjà, ne l'a-t-il pas appelé 'un jargon ridicule et grossier…, reste honteux d'une antique barbarie' ? »[9]. Ce phénomène touche aussi l'alsacien depuis l'après-guerre, une époque où les Alsaciens ont eu honte de leur langue et de leur accent en français. « C'est chic de parler le français », disaient des affiches après 1945. Cette honte et cet autodénigrement, je les constate chez mes étudiants africains lorsque je leur demande quelle langue africaine ils parlent. Ils me disent généralement qu'ils comprennent encore le bambara, ou le wolof, ou le lingala, mais qu'ils ne le parlent pas, comme si c'était un moindre mal. Les jeunes Alsaciens qui viennent d'une famille où la langue ancestrale est encore pratiquée donnent d'ailleurs la même réponse.

Là encore, le problème semble insoluble. Faut-il privilégier l'*ubuntu* traditionnel, quitte à interdire aux Samos l'accès à la modernité et les maintenir dans un état quasiment muséographique ? Mais de quel droit ? Ou bien faut-il laisser

---

[8] A moins qu'ils ne s'en fassent les chantres dans la langue conquérante, comme les écrivains de la négritude : Léopold Senghor, Aimé Césaire ou Édouard Glissant.

[9] Paul Lévy, « Structure du parler judéo-alsacien », *Revue trimestrielle du FSJU-Strasbourg, Octobre 1954, N°9 3ème année*, 1954.

faire et être les témoins de la déliquescence d'une société ? Que faire ? Quelques pistes seront données dans la suite du texte.

Dans ce livre, il sera argumenté que l'*ubuntu* est en fait l'état naturel de l'humanité toute entière et qu'il a donc une valeur universelle. Il existe dans toutes les cultures, y compris la nôtre, où il est cependant sévèrement concurrencé et affaibli par le *cogito*, c'est-à-dire la conception selon laquelle notre humanité ne dépend pas de la communauté dans laquelle on vit, mais qu'au contraire, ce sont des individus libres et indépendant qui construisent la société.

CHAPITRE 2

Cogito

L'individualisme est très profondément ancré dans notre culture, au point souvent d'occulter l'importance de la communauté. Comme le dit François Flahault,

> « on a beau savoir qu'aucun cerveau humain ne s'est jamais développé en l'absence d'interaction avec celui d'autres personnes et qu'il en est encore ainsi à l'âge adulte, on continue à faire comme si la source de la conscience devait être recherchée dans la seule complexité des réseaux qui relient entre eux les neurones. Du coup, on n'accorde pas suffisamment d'importance à l'autre réseau, celui qui relie entre eux les cerveaux des individus partageant la même vie sociale, réseau interindividuel qui constitue pourtant le milieu naturel nécessaire à l'activation de chaque cerveau »[10].

L'« autre réseau », c'est celui de la communauté linguistique et culturelle dans laquelle on vit, appelée ici *ubuntu*, et qui est à l'origine de l'individualité. C'est la conception cartésienne

---

[10] François Flahault, 2006, « *Be yourself* ». *Au-delà de la conception occidentale de l'individu,* page 55. François Flahault est un philosophe et un anthropologue auquel nous nous référerons souvent dans ce texte. Certaines des idées développées ici trouvent leur origine dans son œuvre et dans les discussions que nous avons eues. Qu'il en soit ici remercié.

de l'homme comme singularité absolue, nommée ici *cogito*, qui imprègne notre culture et qui règne par défaut. Cela n'est pas sans conséquences sur l'idée que nous nous faisons de l'individu, de la société et des rapports de l'homme avec la nature. Cette conception est issue de la philosophie de Platon, et François Flahault la décrit ainsi :

> « Platon a promu une conception de l'individu en rupture avec celle que partageaient la plupart des Grecs de son temps ainsi que bien d'autres cultures, et que partagent encore aujourd'hui nombre de sociétés non occidentales. Son œuvre géniale a imposé durablement l'idée qu'il existe en nous un élément supérieur d'origine céleste et non pas terrestre comme l'est notre corps. Cet élément, la *psykhê* (l'âme) constitue notre personne même »[11].

Nous sommes un corps de matière habité par une âme d'origine divine. Cette conception dualiste règne par défaut dans la culture. Elle s'est transmise jusqu'à nous directement depuis Platon et les philosophes de l'Antiquité, et aussi par l'intermédiaire de philosophes juifs hellénisés comme Philon d'Alexandrie (12 av. JC – 54 ap. JC)[12], qui a eu une forte influence sur les premières communautés chrétiennes. Elle s'est développée au sein de la pensée médiévale et Descartes lui a donné une forme claire et précise dans ses *Méditations métaphysiques*. Elle a été reprise ensuite par la plupart des philosophes, qu'ils soient croyants ou non, tels Kant, Hegel, Husserl, Heidegger, Sartre, Merleau-Ponty, les philosophes analytiques britanniques, ou les philosophes de l'esprit américains. Plus récemment, elle a été intégrée par la mouvance cognitiviste qui domine la psychologie, la

---

[11] Flahault, 2006, p. 54.
[12] Il y a une incertitude quant à ces dates.

linguistique, l'intelligence artificielle et les neurosciences, la plupart du temps à l'insu de ses protagonistes.

Prévalence du dualisme

Voici un exemple de la prévalence inconsciente du dualisme dans la pensée scientifique moderne. Ci-dessous un extrait du résumé de la quatrième de couverture d'un livre publié en 2012 par Springer Verlag, et intitulé *Integral Biomathics. Tracing the road to reality*[13]. Il s'agit d'un ouvrage collectif publié en anglais sous la direction de Plamen Simeonov, Leslie Smith et Andrée Ehresman.

> "Perhaps the most distinct question in science throughout the ages has been the one of perceivable reality, treated both in physics and philosophy. Reality is acting upon us, and we, and life in general, are acting upon reality"[14].

Si le monde réel agit sur nous, et inversement, c'est que nous ne faisons pas partie de la même réalité. Dans ce cas, quelle est la nôtre ? La réponse implicite est que nous sommes dotés d'une conscience immatérielle, à la différence de la matière qui constitue la nature que la physique étudie. Il n'est pas anodin que l'ouvrage soit en anglais, que l'inspiration philosophique en soit largement anglophone, ainsi que l'essentiel de la bibliographie. La philosophie américaine contemporaine s'intéresse beaucoup à la question de la conscience, mais elle est plongée dans une grande confusion

---

[13] Simeonov Plamen, Smith Leslie and Ehresman Andrée (eds.), 2012, *Integral Biomathics. Tracing the road to reality*. Springer Verlag. (*La biomatique intégrale. L'ouverture d'une voie vers la réalité*, notre traduction)

[14] *Peut-être la question scientifique la plus discernable à travers les âges est-elle celle de la réalité perceptible, traitée à la fois par la physique et par la philosophie. Le réel agit sur nous et sur la vie en général, et nous, nous agissons sur le réel* » (notre traduction).

qu'on perçoit très clairement dans les ouvrages de philosophes tels que Daniel Dennett[15], Paul Churchland[16], Antonio Damasio[17], David Chalmers[18], ou encore ceux du biologiste Gerald Edelman[19] et du Prix Nobel de médecine Francis Crick[20]. Le succès de ces ouvrages auprès du grand public et des scientifiques s'explique par leur écho dans la société, car ils s'inscrivent parfaitement dans le dualisme ambiant.

Voici un exemple de confusion relevé dans un livre écrit par deux grands auteurs, le philosophe Karl Popper et le neurophysiologiste John Eccles, prix Nobel de Médecine en 1963. Une telle association de talents semble promettre une meilleure compréhension des relations entre le cerveau et l'esprit dans un livre au titre explicite : *The Self and its Brain*[21] (*Le moi et son cerveau*). Les auteurs essaient en effet de

[15] Dennett Daniel (1993) : *La conscience expliquée*, traduit de l'anglais par Pascal Engel, Editions Odile Jacob. 1ère publication : Little, Brown & Cie, 1991.

[16] Churchland Paul (1999) : *Matière et conscience*, traduit de l'anglais par Gérard Chazal, Editions Champ Vallon, Seyssel. 1ère publication : 1984, 1993.

[17] Damasio Antonio R. (2001) : *L'erreur de Descartes*, traduit de l'anglais par Marcel Blanc, Editions Odile Jacob. 1ère publication: A. Grosset/Putnam Books, 1994.

[18] Chalmers David (1996): *The Conscious Mind: in Search of a Fundamental Theory*, OUP.

[19] Edelman Gerald M. (1992, 2000) : *Biologie de la conscience*, Editions Odile Jacob

[20] Obtenu en 1962 pour avoir découvert la structure en double hélice de l'ADN avec James Watson et Maurice Wilkins. Francis Crick est l'auteur entre autres de *The Astonishing Hypothesis: The Scientific Search For The Soul*. Scribner reprint edition, 1995.

[21] Popper K. R & Eccles J. C., 1977, *The Self and its Brain*, Berlin-Heidelberg, Springer.

résoudre la redoutable question de l'interaction entre le cerveau et l'esprit. Pour cela, ils proposent une théorie « dualiste-interactionniste » qui distingue trois mondes, le Monde 1, celui de la matière, le Monde 2, celui de la conscience immédiate (faim, toucher, douleur, colère, joie, peur, etc.), et le Monde 3, celui de la créativité humaine, qui provient de la rationalisation du monde 2 en rapport avec le monde 1. Les relations entre ces mondes sont évidemment problématiques, et nos auteurs, comme il est fréquent dans la tradition anglo-saxonne, vont formuler une explication réductionniste d'allure scientifique : « Ce qui définit essentiellement le dualisme-interactionnisme, disent-ils, c'est que l'esprit et le cerveau constituent des entités indépendantes – le cerveau appartenant au Monde 1 et l'esprit au Monde 2 – qui interagissent au moyen de la physique des quanta »[22]. Pourquoi ce recours aux quanta ? Parce que les particules quantiques possèdent des aspects corpusculaires (matériels) et ondulatoires (immatériels). Popper et Eccles justifient le dualisme de notre être par ce qu'ils comprennent comme une sorte de dualisme ontologique au sein des particules. Aucune preuve n'est évidemment avancée, et d'ailleurs aucune ne *peut* l'être, car le problème qu'ils essaient de résoudre est essentiellement linguistique et culturel. L'idée ne les effleure pas en effet qu'il puisse provenir d'un ancrage très profond dans une tradition qui remonte à l'Antiquité et qui s'est transmise jusqu'à nous par les mots qui forment leur pensée[23].

---

[22] Eccles John C., 1997, *Comment la conscience contrôle le cerveau.* Fayard. 1ère publication : Springer-Verlag, 1994, page 27.
[23] Cette question sera reprise dans les chapitres 4 et 5.

La naturalisation de l'homme et le fantôme dans la machine

Nombre d'ouvrages sur la conscience lancent des attaques en règle contre Descartes tout en développant sans s'en rendre compte des théories entièrement cartésiennes et dualistes. On a parfois l'impression que Descartes est mis à mort comme une sorte de victime sacrificielle, pour donner des gages et faire croire, et croire soi-même, qu'on s'est libéré de sa pensée. Cela montre bien son influence prépondérante dans notre culture, profondément marquée par le christianisme. Et en effet, si on accepte l'existence de l'âme, le cartésianisme est tout à fait cohérent et tout se tient.

En revanche, dès qu'on cesse de mentionner l'âme, elle mène une existence cachée au sein du raisonnement et du langage. Ce phénomène est parfaitement illustré par les difficultés du cognitivisme, qui tente d'expliquer le langage et la pensée en les réduisant à des mécanismes fonctionnels et logiques. Pour Dan Sperber,

> « Lorsque je communique, j'ai en tête une certaine idée, et, si je réussis à communiquer, mes interlocuteurs auront en tête eux aussi en fin de processus, sinon exactement la même idée, en tout cas une idée assez semblable, une copie approximative, une version de l'idée que j'ai voulu communiquer »[24].

Cela est possible grâce à un code qui associe « à un message interne, un signal externe », ajoute Sperber.

Explicitons cela. Les linguistes et les philosophes cognitivistes considèrent que les pensées complexes sont construites dans notre esprit à l'aide d'éléments présents dans le cerveau par nature ou bien par apprentissage. Pour construire une phrase à partir d'une pensée complexe, notre

---

[24] Sperber Dan, 2002, « La communication et le sens », in *Le cerveau, le langage, le sens*, dir. Yves Michaud, Poches Odile Jacob, 301-314.

esprit ferait appel à des structures syntaxiques et à des sortes de bases de données lexicales présentes de quelque manière dans le cerveau. Le module syntaxique construirait un schéma de phrase, dans lequel les mots, convenablement choisis viendraient s'insérer, formant ainsi un tout correspondant à la pensée complexe que l'on veut exprimer. Un autre module transformerait ensuite ces phrases mentales en impulsions nerveuses qui commanderaient notre appareil vocal, permettant l'expression sonore de nos pensées. Nos interlocuteurs percevraient les vibrations sonores provenant de notre bouche et transmises par l'air ; leur système nerveux les transformerait en phrases mentales, elles-mêmes converties ensuite en pensées.

Il s'agit donc d'une logique d'encodage et de décodage. Au bout du compte, notre parole a généré chez notre interlocuteur un état du cerveau semblable au nôtre. La compréhension est alors assimilée à une identité physique : si les deux états sont semblables, alors la compréhension se fait ; sinon, elle ne se fait pas, ou mal.

Le dualisme de cette conception est évident. La pensée qui se construit dans le cerveau doit bien être déclenchée d'une manière ou d'une autre, et le résultat final du processus linguistique doit bien signifier quelque chose pour quelque entité extérieure au processus. Quelle peut-elle bien être si ce n'est l'âme (ou l'*esprit*, ou le *moi*, ou le *je*, ou l'*ego*, ou l'*intentionnalité*, selon le point de vue de celui qui emploie ces mots) ? Gilbert Ryle a appelé « the ghost in the machine » (le fantôme dans la machine) cet homoncule fantomatique aux commandes du cerveau et du corps, sans existence théorique, mais dont la nécessité est pourtant consubstantielle à l'explication mécanique de l'être humain[25] : toute mécanique

---

[25] Gilbert Ryle (1949): *The Concept of Mind*, Hutchison, Londres.

nécessite à la fois un déclenchement et un observateur pour lequel le fonctionnement a du sens.

Cette difficulté n'est généralement pas perçue par les psychologues, les linguistes, les spécialistes de l'intelligence artificielle ou les philosophes cognitivistes. Si on leur pose ouvertement la question du « fantôme dans la machine », ils nient que leurs théories le présupposent. Pourtant, il réapparaît au détour de l'expression des idées. Voici une phrase relevée dans l'annonce d'une conférence de neurosciences sur les illusions mentales :

> « Afin de pouvoir appréhender notre environnement et interagir avec lui, nous utilisons l'ensemble de nos sens. Le cerveau, qui reçoit l'ensemble des signaux des différents systèmes sensoriels, doit intégrer ces informations afin de *créer un message cohérent* ».

À qui ou à quoi s'adresse le message si ce n'est au fantôme dans la machine ?

Le dualisme est revendiqué chez Descartes : le « je » qui parle est clairement l'âme que Dieu a prêtée au corps, et qui examine les divers éléments de sens qui sont déjà en lui par nature. Ce « je » n'est pas mentionné dans les théories cognitivistes, mais il est bel et bien présent. Leur argumentaire peut sembler scientifique, mais il participe en fait d'un débat théologique profondément ancré dans la civilisation occidentale. Que la pensée et le langage aient une base biologique est après tout tellement évident que ce n'est sans soute pas la peine de s'y attarder longuement. Quelle autre base pourraient-ils avoir ? La réponse ne pourrait être que : « C'est Dieu qui les a mis dans nos corps en même temps que les âmes ». C'est donc pour nier la possibilité d'une origine divine des fonctions supérieures que le cognitivisme développe un discours naturalisant.

Selon ce type de points de vue, tous les processus mentaux et linguistiques ont pour origine l'individu, et tout particulièrement son cerveau, dont on admet de façon tout à fait naturelle qu'il est le siège de notre esprit, « émergé » de la complexité biologique du cerveau[26]. L'*ubuntu* se construit dans un second temps, lorsque l'individu veut communiquer ses pensées à d'autres individus et comprendre les messages qu'il en reçoit.

L'*homo economicus cartésien*

Dans la tradition biblique et antique, la société n'a pas d'existence ontologique propre. Adam et Ève sont déjà pleinement conscients et humains dans l'état présocial du jardin d'Eden. « Lorsque nos premiers parents, dit Flahault, ayant goûté au fruit de la connaissance du bien et du mal, accèdent à un état de culture (impliquant la naissance du désir, le port de vêtements, le travail et la préparation des aliments), ce passage ne peut être présenté comme une humanisation »[27]. Ce n'est donc pas la société qui humanise les hommes, ce sont les hommes qui construisent la société. Pour Flahault,

« avec Descartes, Locke et *Robinson Crusoe* (de Daniel Defoe), on voit se constituer la conception de l'être humain sur laquelle

---

[26] Nous faisons ici référence aux théories de l'émergence dont un des meilleurs protagonistes est Francisco Varela (voir par exemple son *Invitation aux sciences cognitives,* Varela 1989). L'argument est que l'esprit « émerge » de la complexité du cerveau, qui le génère naturellement. On peut faire deux remarques à propos de ce point de vue. D'abord, une fois « émergé », l'esprit vit une vie indépendante, créée non par Dieu, mais par la Matière, ce qui revient logiquement au même. Ensuite, « émergence » veut dire « apparition soudaine », une sorte de miracle donc. Nous revoilà en pleine métaphysique.

[27] François Flahault, 2003, *Le paradoxe de Robinson. Capitalisme et société.* Éditions Mille et une nuits, Paris, p. 50.

se fonde aujourd'hui encore la pensée occidentale, et notamment la science économique orthodoxe, selon quoi, les individus étant par nature indépendants les uns des autres, il leur est possible de contrôler par leur libre volonté les liens qu'ils nouent entre eux : la notion de contrat en vient à fournir le modèle de toute relation saine »[28].

Cette importance donnée à l'individu se retrouve naturellement dans l'enseignement de la science économique. Les manuels, dit Flahault[29], « présentent la genèse des activités économiques comme s'effectuant à partir de la rencontre de volontés individuelles, chaque individu étant à la recherche de biens qui correspondent à ses besoins et améliorent son bien-être, le rapport aux choses étant supposé premier, le rapport aux autres, second ». « Les fictions théoriques des manuels d'économie, [...] montrent des individus d'abord sans liens les uns avec les autres et s'engageant ensuite par raison dans un contrat social, certes contraignant, mais nécessaire pour garantir leurs droits fondamentaux ». Dans l'esprit des premiers économistes, « le libre jeu de l'offre et de la demande devait produire une harmonie que ne parvenaient à assurer ni la grâce divine, ni les mesures dirigistes prises par les monarques terrestres ». Cette fiction irénique est au cœur de la pensée économique du capitalisme moderne. Pour s'en convaincre, « il suffit, par exemple, de lire *The Economist*[30] pour se trouver transporté dans un monde où les problèmes sont pensés et résolus en raison d'une compétence au-dessus de tout soupçon et où les

---

[28] Flahault 2003, p. 52.
[29] Flahault 2003, pp 108-114.
[30] *The Economist* est un hebdomadaire britannique qui développe avec talent la pensée économique anglo-saxonne. Il est très influent dans les pays anglophones.

rapports de force entre faibles et puissants se sont miraculeusement estompés ».

En fait, les rapports de force entre faibles et puissants se maintiennent et s'entretiennent, et la réalité est plus proche de ce que pense J. M. Coetzee[31] :

> « The market, I learned from my mother, was a dark and sinister machine that ground and ate up a hundred destinies for every lucky individual it rewarded. My mother's generation had a distinctly pre-modern attitude to the market: it was a creation of the devil; only the wicked prospered in the market. For hard work there was no certain reward on this earth... »[32].

Le fameux contrat social dont la science économique fait grand cas a été en réalité systématiquement affaibli ces dernières décennies au nom de principes apparemment très positifs. Pour les libéraux australiens, selon une idée que critique Coetzee,

> « the role of government should be self-limited: to create conditions in which individuals can bring their aspirations, their drive, their training, and whatever other forms of intangible capital they have, to the market, which will then (here comes the moment when economic philosophy turns into religious faith) reward them more or less in proportion to their contribution (their 'input') »[33].

---

[31] J. M. Coatzee (2007), *Diary of a bad year,* The Text Publishing House, Melbourne. Coatzee a obtenu le prix Nobel de literature en 2003.

[32] *Le marché, comme je l'appris de ma mère, était une machine sombre et sinistre qui écrasait et dévorait une centaine de destinées pour une seule qui avait la chance d'être récompensée. La génération de ma mère avait une attitude pré-moderne tout à fait caractéristique par rapport au marché : c'était une création du diable ; seuls les méchants pouvaient y prospérer. Pour le dur labeur il n'y avait aucune certitude de récompense ici-bas* (page 98, notre traduction).

[33] *Le gouvernement devrait se limiter à créer les conditions qui permettent aux individus de mettre sur le marché leurs aspirations, leur dynamisme,*

En réalité, *homo homini lupus*[34]. Et cela d'autant plus que nous sommes dans un système économique dans lequel l'individu est le seul à jouir d'une existence ontologique. Mais pour Coetzee,

> « ... surely God did not make the market – God or the Spirit of History. And if we human beings made it, can we not unmake it and remake it in a kindlier form? Why does the world have to be a kill-or-be-killed gladiatorial amphitheatre rather than, say, a busily collaborative beehive or anthill? »[35].

L'économie capitaliste se prévaut de la liberté d'entreprendre et de choisir son destin. Mais c'est une liberté où le *cogito* exploite les autres et détruit ainsi l'*ubuntu*. Comme le dit une expression attribuée à Jean Jaurès, le capitalisme, c'est laisser le renard et les poules libres dans le poulailler.

L'homme prométhéen

L'homme est donc un corps contrôlé par un esprit, et il entre en contact avec les autres en encodant ses pensées afin qu'elles puissent être décodées par ses interlocuteurs. Mais pourquoi ne se contente-t-il pas de sa solitude originelle ? Parce qu'il a besoin des autres pour obtenir les produits dont il

---

leur formation et toutes les autres formes de capital intangible qu'ils possèdent, où (et c'est là que la philosophie politique se transforme en foi religieuse) ils seront récompensés, plus ou moins par rapport à leur contribution (leur « input ») (page 98, notre traduction).

[34] Proverbe latin : l'homme est un loup pour l'homme.

[35] *... Sûrement, ce n'est pas Dieu qui a créé le marché – Dieu ou l'Esprit de l'Histoire. Et si ce sont nous les êtres humains qui l'avons fait, ne pouvons-nous pas le défaire et le refaire sous une forme plus bienveillante ? Pourquoi le monde doit-il être une arène de gladiateurs où il s'agit de tuer ou d'être tué, plutôt que, disons, une ruche ou une fourmilière activement collaborative ?* (page 99, notre traduction).

a besoin. Pour cela, il doit lui-même produire. L'autisme cartésien n'est rompu que par la grâce des besoins du corps.

Parmi ces produits à échanger, les plus nécessaires sont ceux qui proviennent du milieu naturel, c'est-à-dire la nourriture et les matières premières. La nature fournit tout ce dont nous avons besoin, sans limite. Mais elle doit être comprise, et c'est le rôle de la science de donner les clés de son fonctionnement. C'est d'ailleurs le projet de Dieu pour l'homme, selon Descartes. Dieu l'a chassé du Jardin d'Éden et condamné au travail pour assurer sa subsistance ; mais avec l'injonction de croître et de se multiplier, il lui a aussi donné l'intelligence de comprendre sa création, grâce notamment à des entités sémantiques telles que les « figures, les nombres, le mouvement et choses semblables » que Dieu à placées dans son esprit, selon Descartes[36].

L'homme est ainsi devenu un être prométhéen capable de dominer la nature sans limite, quitte à provoquer de graves destructions.

Individu et démocratie

Mais si cette conception de l'être humain centrée sur l'individu a contribué à produire un système économique barbare et destructeur de l'environnement, elle a tout de même permis l'émergence de la démocratie. Dieu met dans les corps qui naissent des âmes toutes égales en valeur et que rien ne distingue *a priori*. Si la société transforme les uns en riches, les autres en pauvres, ce n'est pas là forcément le dessein de Dieu, cela peut simplement être le produit des corruptions humaines, qui seront éventuellement châtiées le jour du

---

[36] Descartes René, 1990, *Méditations métaphysiques*. Traduit du latin par Michelle Beyssade. Le Livre de Poche. 1ère publication, Paris, 1641, p. 175-177.

Jugement Dernier. En attendant, comme les âmes se valent toutes, chaque voix a la même valeur, et la démocratie peut se concevoir.

Ce n'était pas le cas des sociétés antiques, par exemple à Athènes du temps de Platon, où seuls les hommes libres et ayant du bien avaient le droit de voter, soit environ cinq pour cent de la population. Ce n'est pas non plus le cas de certaines sociétés d'aujourd'hui. Dans la religion hindouiste par exemple, la société est divisée en quatre castes religieuses (les *varnas*) et en plusieurs milliers de castes socioprofessionnelles (les *jatis*), classées en une hiérarchie communément acceptée et très contraignante, par exemple en ce qui concerne les contacts physiques, à éviter selon les castes, ou le choix du conjoint. Il s'ajoute à cette population plusieurs centaines de millions de hors castes, appelés les Intouchables, tout à fait impurs. (Il y a aussi les musulmans, les chrétiens, les juifs et les animistes, qui ne sont pas concernés par le système des castes). L'entrée dans une caste se fait après la mort, lors d'une nouvelle naissance, en récompense ou en punition des actions accomplies durant la vie qui s'est achevée. Naître dans une caste supérieure est ainsi le signe d'un karma positif acquis au cours des réincarnations successives. Les âmes ne sont pas égales à la naissance. La démocratie semble dès lors difficile à implanter. Et effectivement, alors que les Intouchables et les basses castes vont voter massivement, l'abstention est très forte dans les castes supérieures, qui semblent répugner à participer à un système électoral qui se fonde sur l'égalité des âmes.

CHAPITRE 3

Cogito versus *ubuntu*

La glose française d'*ubuntu* retenue ici, « je suis parce que nous sommes », fait écho par la forme et par le propos à la célèbre phrase de Descartes « je pense, donc je suis », apparue en français dans *Le Discours de la méthode* en 1637, puis sous une autre forme « Je suis, j'existe » dans *Les Méditations Métaphysiques* en 1641. Elle fut plus connue par la suite sous sa forme latine, le fameux « *Cogito ergo sum* », qui apparaît dans *Les Principes de la philosophie* en 1644.

Il y a bien des différences entre le *cogito* de Descartes et l'*ubuntu* des Xhosas, mais il y a aussi un propos commun : expliquer le mystère de l'existence individuelle. Les Xhosas le diluent dans un autre mystère plus grand encore, celui de l'existence des hommes en général : si j'existe en tant qu'individu, c'est parce que nous existons en tant que communauté. Évidemment, cette explication n'en est pas une, au fond, et c'est pourquoi il convient plutôt de faire une lecture plutôt éthique de l'*ubuntu* : il faut toujours tenir compte des autres, sans lesquels nous ne sommes rien. Quant à Descartes, il propose une formule qui semble explicative, mais qui ne l'est pas davantage dès lors qu'on commence à creuser un peu la question. Il affirme que le fondement de l'être humain, c'est la pensée, c'est-à-dire l'entité en notre sein qui a conscience d'elle-même, et qu'il a nommée la *res cogitans*, la chose pensante, l'âme que Dieu a mise dans notre corps pour des raisons de Lui seul connues. Cette conception de notre être, Descartes ne l'a pas inventée ; elle lui vient de la tradition chrétienne, elle-même ancrée dans la pensée des Anciens, et notamment dans celle de Platon, comme il a été dit plus haut. Descartes lui a donné une puissance argumentative toute nouvelle à son époque, qui a permis à son message d'influencer profondément la pensée occidentale, au point qu'elle est devenue la conception de base de notre être dans notre culture, celle qui va de soi avant qu'on commence à y réfléchir.

Notre système économique en est imprégné. En posant l'individu avant la communauté, elle légitime aussi cette forme exacerbée d'individualisme qui caractérise notre temps. La société selon le *cogito* n'est pas un donné dans lequel l'être humain naît, vit et meurt ; elle est un artefact régi par des lois, construit explicitement à l'aide du langage, qui n'est qu'un outil au service de la *res cogitans*. Elle n'a pas d'existence ontologique. D'ailleurs, comme le dit si bien Madame Thatcher dans un discours prononcé le 31 octobre 1987 : « There is no such thing as society. There are individual men and women, and there are families[37] ».

Si Desmond Tutu met l'accent sur la notion d'*ubuntu*, c'est qu'elle lui semble emblématique de la différence entre la culture africaine traditionnelle et celle des Occidentaux. Cela ne veut pas dire que ces peuples traditionnels soient

---

[37] *La société n'existe pas : il y a des hommes et des femmes, et il y a les familles* (notre traduction).

« meilleurs » que nous. L'histoire de tous les groupes humains montre sans conteste une alternance de moments où se révèlent des zéniths de progrès moral, et d'épisodes sanglants où l'éthique sombre dans les abysses. Si la civilisation occidentale a produit au XXe siècle des guerres, des massacres et des destructions sans nom, elle a aussi généré certains progrès, par exemple la santé et l'éducation pour la majorité et le développement cahin-caha de la démocratie, du respect de l'individu, de l'égalité des hommes et des femmes, même s'il reste encore beaucoup de chemin à parcourir. Il ne s'agit donc pas d'opposer une vision édénique de l'être humain qui serait portée par des peuples héritiers de traditions ancestrales d'une grande sagesse à une vision barbare et inhumaine qui serait la nôtre. Ce serait simpliste, contre-productif et faux.

En fait les deux notions doivent s'enrichir mutuellement, et si elles parvenaient à se développer ensemble dans l'harmonie, nous aurions quelque chance de pouvoir construire un monde meilleur.

Le monde est désormais ouvert. Il n'y plus de communautés isolées, ce qui est plutôt une bonne chose. On a oublié à quel point la vie dans les sociétés traditionnelles pouvait être précaire. Chaque groupe humain était la victime potentielle de ses voisins, et les gens vivaient dans la crainte permanente de raids qui leur coûteraient peut-être la vie, souvent les réserves, et parfois les femmes, ce qui signifiait la fin de leurs lignées. Il suffit de lire les textes historiques de la Bible pour avoir une idée du degré de violence entre les peuples qui se côtoyaient alors en Palestine ; des guerres incessantes se terminaient en spoliations diverses et variées, parfois en déplacements forcés de populations ou en massacres à grande échelle, parfois même en génocides. La Nouvelle-Guinée est la partie du monde avec la plus grande richesse en langues, plus de sept cents. On explique cela par des traditions guerrières qui ont poussé les habitants à se retrancher autant que possible dans des vallées isolées les unes des autres par de hautes montagnes difficilement franchissables. Les langues se sont alors développées séparément par manque de contact avec les autres.

Trop d'*ubuntu* peut mener au repli communautaire et à la xénophobie. Que faire alors ? Quelles sont les attitudes et les conceptions qui permettraient à l'humanité de vivre en paix et de développer les potentialités de chacun au sein d'un *ubuntu* qui serait ouvert sur les autres et qui bénéficierait des apports du *cogito* ?

Il est difficile de les formuler parce que nous ne sommes pas généralement conscients des déterminismes issus de l'*ubuntu,* à l'origine d'une grande partie de nos idées et opinions. Lors de l'attaque terroriste de novembre 2015 à Paris, le Bataclan fut le lieu où il y eut le plus de victimes, 90 sur les 130 décomptées. La salle de spectacle accueillait un groupe de rock américain, les Eagles of Death Metal, qui jouait au moment où les terroristes se sont introduits et ont commencé à tirer sur la foule. Par miracle, les musiciens ont tous échappé au massacre. Ils sont revenus à Paris en février 2016 pour un concert commémoratif où étaient invités les rescapés du massacre. Le leader du groupe, Jesse Hughes, a été interviewé par une chaîne de télévision française, *iTélé,* et il a fait le commentaire suivant : « Jusqu'à ce que plus personne n'ait d'armes à feu, il faudrait que tout le monde puisse en porter ». Si on le lui avait demandé, il aurait naturellement revendiqué cette opinion comme personnelle, mais on voit bien qu'elle lui vient avant tout de son *ubuntu* américain, où le droit de porter des armes est un droit constitutionnel, âprement défendu, notamment par une association qui milite en sa faveur, la *National Rifle Association*, dont Jesse Hughes est membre[38]. Il ne fait ainsi que répéter une opinion très répandue outre-Atlantique que les Européens ne mettraient pas en avant parce qu'elle est très marginale sur notre continent.

La première étape vers une solution est donc une prise de conscience des déterminismes. On verra alors que le *cogito* est un produit de l'*ubuntu* occidental, profondément inscrit dans la culture. On se rendra alors compte de la puissance de l'*ubuntu*, ce qui permettra de relativiser le *cogito*. Il sera alors possible de l'évaluer, de voir ses apports et ses défauts, d'éliminer les uns et de garder les autres. Comme il a été dit plus haut, l'*ubuntu* local est la règle. Ce qu'il faudrait, c'est un *ubuntu* universel dans la diversité. C'est possible avec l'aide des bons côtés du *cogito*, ceux qui sont liés à la notion d'égalité des âmes, un concept-clé.

La puissance de l'*ubuntu* se manifeste avant tout dans la genèse de nos idées. C'est le point qui sera abordé ci-dessous. Les chapitres 5 et 6 étudieront les fonctionnements linguistiques de ces déterminismes, et le reste de l'ouvrage sera consacré à des études de cas.

---

[38] Informations relevées dans le *Guardian* du 17 février 2016, pages 1 et 5.

CHAPITRE 4

La genèse problématique de la pensée individuelle

Pourquoi pensons-nous ce que nous pensons ? L'idée qu'il n'y a pas de société, qu'il n'y a que des individus, Madame Thatcher ne l'a pas conçue dans son esprit au prix d'un effort intellectuel intense, de lectures approfondies et d'enquêtes sur le terrain. En réalité, elle n'a fait que répéter ce que pense une partie importante de son électorat, qui reconnaîtra cette affirmation comme vraie, et qui dès lors sera portée à croire en sa grande sagesse. Ses électeurs ne sont pas non plus parvenus à cette conclusion au prix d'un effort ; ils ne font eux aussi que répéter ce qui est généralement dit. Par quel mécanisme ces certitudes prennent-elles corps ?

Protestants et catholiques

En ce qui me concerne, un des points de départ de ce livre est un certain étonnement devant les différences culturelles entre les catholiques et les protestants, constatées dès l'enfance dans mon Alsace natale.

La différence entre les protestants et les catholiques est très visible pour qui sait regarder, et Umberto Eco s'est amusé à la retrouver dans les deux systèmes d'exploitation qui dominaient le marché de l'informatique dans les années quatre-vingts, à savoir MacIntosh et DOS. Voici un extrait de son texte « Comment reconnaître la religion d'un logiciel[39] » :

> « Ceci n'a pu vous échapper, le monde est aujourd'hui divisé en deux : d'un côté les partisans du MacIntosh, de l'autre ceux du PC sous MS-DOS. Eh bien, je suis intimement persuadé que le Mac est catholique et le DOS protestant. Je dirais même plus. Le Mac est catholique contre-réformateur, empreint de la « ratio studiorum » des Jésuites. Il est convivial, amical, conciliant, il explique pas à pas au fidèle la marche à suivre pour atteindre, sinon le royaume des cieux, du moins l'instant final de l'impression du document. Il est catéchistique, l'essence de la révélation est résolue en formules compréhensibles et en icones somptueuses. Tout le monde a droit au salut.
>
> Le DOS est protestant, voire carrément calviniste. Il prévoit une libre interprétation des Écritures, requiert des décisions tourmentées, impose une herméneutique subtile, garantit que le salut n'est pas à la portée de tous. Faire marcher le système nécessite un ensemble d'actes personnels interprétatifs du logiciel : seul, loin de la communauté baroque des joyeux drilles, l'utilisateur est enfermé dans son obsession intérieure ».

Le DOS et le MacIntosh sont tous deux des productions d'un seul et même pays, les USA. *A priori*, ils ont été conçus par des ingénieurs qui ont fait les mêmes études, et par des entreprises qui visent les mêmes marchés. Mais si Eco a raison, peut-on penser qu'il y une influence de la religion sur la vision du monde des citoyens et peut-être sur les choix technologiques qu'ils font ? Bill Gates, le fondateur de Microsoft, le fabricant du DOS, est issu d'une famille de la petite bourgeoise intellectuelle anglo-américaine, tandis que

---

[39] Umberto Eco (1992) : *Comment voyager avec un saumon*. Traduction de Myriem Bouzaher, Grasset, pp.120-121.

Steve Wozniak et Steve Jobs, les fondateurs d'Apple, ont grandi dans des familles immigrées peut-être moins profondément influencées par la culture anglo-saxonne protestante. Ces facteurs sont-ils pertinents ?

Si oui, ils le sont très certainement de manière inconsciente. Aucun de ces pionniers de l'informatique n'a délibérément décidé de concevoir ces systèmes d'exploitation pour se conformer à une vision du monde protestante pour l'un, catholique pour les autres.

Ces différences dues à la religion concernent aussi l'Alsace, une région qui se caractérise par une diversité religieuse assez ancienne. Les protestants y sont au nombre d'environ 250 000, soit à peu près 15% de la population totale. Dans mon école, dans un quartier de Strasbourg, tous les enfants suivaient les mêmes cours, ceux des programmes officiels de la République ; ils n'étaient séparés que pour les cours de religion, à raison d'une heure par semaine. Cet enseignement fait partie d'un accord passé entre le pape Pie VII et Napoléon 1er en 1801, le Concordat. Il fut abrogé par la France en 1905, mais à cette époque-là, l'Alsace était allemande et l'abrogation ne s'appliqua pas. Par la suite, les gouvernements qui se sont succédé depuis 1919 ont tous renoncé à abolir les dispositions concordataires.

Il n'y avait aucune séparation dans la vie quotidienne, et les enfants jouaient les uns avec les autres sans distinction de religion. Toutefois, de temps en temps, l'un ou l'autre camarade me disait que non, il ne pourrait pas venir jouer avec moi, car il devait aller se confesser. C'était une activité bien mystérieuse….

Par la suite, à l'âge adulte, je constatais parfois une certaine propension des protestants à se sentir facilement coupables et responsables de tout ; je constatais aussi un certain goût pour la sobriété et la simplicité, parfois revendiqué comme une supériorité sur les catholiques. Il y avait donc des différences, qu'on ne pouvait imputer ni à la langue (tout le monde parlait l'alsacien et le français), ni à l'histoire (la même pour tous), ni à des différences sociales (les catholiques et les protestants se répartissaient également dans toutes les classes sociales). La seule différence était donc la religion, une différence parfois consciente. Une amie me raconta que sa mère la mettait en garde lorsque, adolescente, elle sortait avec sa meilleure amie, catholique : « Fais bien attention, disait-elle, ton amie est catholique ; il suffit qu'elle aille se confesser, et tout est pardonné ; toi tu es protestante, tout est écrit dans le grand livre ».

La question de la grâce

J'appris bien plus tard que ces différences entre catholiques et protestants provenaient de la question de la grâce. Pour le chrétien, le salut peut être obtenu de trois manières : par ses œuvres (une récompense posthume pour avoir fait le bien), par la foi (le croyant sincère est sauvé), par la volonté divine (la grâce). Luther nota une contradiction entre le salut par les œuvres et la toute-puissance divine : un croyant pouvait en quelque sorte forcer Dieu à le sauver grâce à la valeur de ses œuvres. Or Dieu est tout-puissant, et il fait ce qu'il veut. Luther se servit de cet argument théologique contre le pape, et c'était d'autant plus facile que le salut par les œuvres était devenu une véritable entreprise commerciale : l'Église vendait des Indulgences grâce auxquelles les pécheurs pouvaient s'assurer un accès plus facile au paradis.

Le catholicisme considère que l'être humain est un pécheur dès qu'il sort du ventre de sa mère. Ce n'est pas une condition aussi désespérante qu'il y paraît car il existe une procédure qui peut aboutir au pardon : la confession des péchés devant le prêtre, une personne officiellement accréditée par l'Église pour distinguer le Bien du Mal. Cette confession doit être suivie d'une repentance sincère. Le salut est donc possible et à la portée de tous. En revanche, pour les protestants, la grâce divine est primordiale, et de ce fait, le salut est incertain. La confession n'est pas utile puisque le salut, s'il peut être obtenu par le pardon divin, ne peut pas l'être par une repentance qui contraindrait Dieu. Par surcroît, le clergé protestant n'est pas habilité à trancher et chacun doit réfléchir par lui-même. D'où une double angoisse : ai-je la grâce ? Mes actes sont-ils bons ? Dans le doute, il vaut mieux faire du mieux qu'on peut : au cas où on aurait la grâce, on aurait une chance d'être sauvé. C'est l'essence même du pari de Pascal, qui fut un adepte du jansénisme, une doctrine proche du protestantisme. Voici le texte de ce pari :

« Examinons donc ce point, et disons : Dieu est, ou il n'est pas. Mais de quel côté pencherons-nous ? La raison n'y peut rien déterminer : il y a un chaos infini qui nous sépare. […] Par raison, vous ne pouvez faire ni l'un ni l'autre ; par raison, vous ne pouvez défendre nul des deux. […] Pesons le gain et la perte, en prenant choix que Dieu est. Estimons ces deux cas : si vous gagnez, vous gagnez tout ; si vous perdez, vous ne perdez rien. Gagez donc qu'il est, sans hésiter », Blaise Pascal, *Pensées* (1670).

Autrement dit : si je crois en Dieu et qu'il existe, j'ai tout à gagner ; si je ne crois pas en lui, et qu'il existe, j'ai tout perdu. S'il n'existe pas, cela ne change rien. Mieux vaut donc croire.

Pays catholiques et pays protestants

Les protestants sont amenés à étudier eux-mêmes le texte sacré et à examiner personnellement les questions éthiques, là où les catholiques se reposent sur les enseignements institutionnels de l'Église et la médiation du prêtre. L'intérêt pour la question du Bien et du Mal est très perceptible dans les cultures anglo-saxonnes et germaniques, très fortement influencées par le protestantisme. Lors de l'affaire Monica Lewinsky, ce qui dérangea le plus les Américains, ce n'est pas que le président Bill Clinton ait eu une relation sexuelle avec une jeune stagiaire, c'est qu'il l'avait faussement démentie[40]. Mentir, ne pas dire la Vérité, c'est mal, et confier le pays à un menteur, c'est prendre des risques. En Europe latine, on a une vision plus machiavélienne du pouvoir : le mensonge est consubstantiel à la politique. C'est pourquoi l'opinion française pardonna à Jacques Chirac une déclaration quelque peu cynique (voir *Le Monde* du 22 février 1998), à savoir que « les promesses n'engagent que ceux qui les reçoivent ».

Sans doute les croyants pratiquants ont-ils une bonne connaissance de l'appareil théologique qui accompagne les mots de grâce et de salut. On peut alors aisément comprendre d'éventuelles incidences sur les comportements individuels ou collectifs, par exemple une propension du protestant à endosser sa faute, ou bien une certaine légèreté du pécheur catholique, libéré par la confession.

---

[40] « I did not have sexual relations with *that* woman » (*Je n'ai pas eu de relations sexuelles avec* cette *femme*-là), dit le Président. L'emploi du démonstratif *that* fut particulièrement malheureux. Il exprime une mise à distance de Monica Lewinsky, et suggère ainsi une sorte d'aveu. Pourquoi se distancier de la jeune femme si les allégations sont fausses ? Clinton aurait au contraire dû se rapprocher d'elle car s'il n'y a pas eu de relations sexuelles, ils sont victimes tous les deux d'un complot et devraient faire face au scandale ensemble. Les accusations sont donc vraies, et la phrase de Clinton révèle alors un mensonge éhonté et une méprisable trahison envers la jeune femme. Sans doute cet épisode a-t-il contribué à ce que Monica Lewinsky accepte finalement de témoigner contre Bill Clinton.

Mais comment expliquer que des non-croyants voient les choses de la même manière ? Dans *Diary of a Bad Year*, J. M. Coetzee met en scène deux personnages, le narrateur, qui ressemble fort à l'auteur, un Sud-Africain naturalisé australien, deux pays où l'influence protestante est prépondérante, et une très belle jeune femme d'origine philippine, donc de culture catholique. Précisons tout de suite que la question de la religion n'est pas du tout abordée dans le livre. La jeune femme, Anya, reproche au narrateur de se charger de tous les péchés du monde. Celui-ci se défend ainsi : « When you live in shameful times shame descends upon you, shame descends upon everyone, and you simply have to bear it, it is your lot and your punishment[41] ». Anya lui raconte alors qu'elle a été violée, qu'elle a dénoncé ses agresseurs, des jeunes gens, qui ont été jetés en prison, et qu'elle ne ressent aucune honte. « As long as it isn't your fault, as long as you are not responsible, the dishonour doesn't stick to you. So you have been making yourself miserable over nothing[42] », ajoute-t-elle. Le narrateur affirme alors que le déshonneur ne s'en va pas comme cela, que lui-même se sent déshonoré par le crime de ces jeunes gens, et il lui demande si au fond d'elle-même elle ne sent pas malgré tout une certaine honte. Elle se fâche alors et rompt provisoirement le contact avec lui.

La honte et le déshonneur peuvent aussi être collectifs, c'est-à-dire le fait de communautés d'hommes et de femmes

---

[41] *Quand vous vivez en des temps de honte, la honte descend sur vous, la honte descend sur tout le monde, et il vous faut l'endosser, c'est votre lot et c'est votre punition* (Coetzee 2007, p. 79, notre traduction).

[42] *Tant que ce n'est pas de votre faute, tant que vous n'êtes pas responsable, le déshonneur ne vous colle pas à la peau. Vous vous êtes pourri la vie pour rien* (Coetzee 2007, p. 79, notre traduction).

qui ne sont pas nécessairement tous de la même religion et où certains sont même athées. Il semble que les pays protestants soient plus disposés à se repentir pour les torts causés à d'autres peuples dans l'histoire que les pays catholiques. Ainsi la repentance de l'Australie envers les « milliers d'enfants aborigènes [qui] ont été retirés de force à leurs familles à des fins d'assimilation »[43]. En 2008, Kevin Rudd, le Premier ministre australien, a demandé pardon aux aborigènes « pour la douleur et les souffrances subies par ces générations volées ».

La France en revanche, fille aînée de l'Église, rejette la repentance. Le rôle globalement positif de la colonisation est même inscrit dans une loi, celle du 23 février 2005, qui dit dans son article 1 :

> « Les programmes scolaires reconnaissent en particulier le rôle positif de la présence française outre-mer, notamment en Afrique du Nord, et accordent à l'histoire et aux sacrifices des combattants de l'armée française issus de ces territoires la place éminente à laquelle ils ont droit. »

Ceci ne veut pas dire ici qu'une attitude serait meilleure que l'autre. La repentance australienne est très certainement teintée d'hypocrisie et la loi française a été combattue par une partie de l'opinion et de la classe politique. Toujours est-il que pour les uns, la faute, si faute il y a eu, est une affaire classée, oubliée, peut-être pardonnée, pour laquelle il y a en tous les cas prescription, tandis que pour les autres, la faute n'ayant pas été reconnue à l'époque des faits, un moyen de se libérer est l'expiation par la repentance collective publique. L'humiliation consentie est la punition rédemptrice.

---

[43] Phrase reprise du site du quotidien *Libération.*

Déterminisme de la pensée individuelle ?

Finalement, il semble bien que d'importantes variations dans la pensée individuelle et collective soient liées à de sombres discussions théologiques de la fin du Moyen Âge, oubliées de tous sauf de quelques spécialistes. Comment est-ce possible ? Et pour un déterminisme que l'on parvient à identifier, combien d'autres y en a-t-il dont nous sommes entièrement inconscients ? En un mot, dans la pensée individuelle, quelle est la part qui provient du passé culturel et quelle est celle de la réflexion personnelle ? Ceci pose la question de l'individu en lui-même, et aussi de l'individu en rapport avec la société, la langue, la culture, et le monde réel. Autrement dit, nos idées sont-elles produites par le *cogito* ou par l'*ubuntu* ?

La conception que Descartes se fait de l'homme, et qui domine notre civilisation, ne peut pas rendre compte de comportements et d'opinions dont les fondements inconscients sont enfouis non dans l'individu, mais dans la pensée collective. Mais comment se fait cette transmission d'idées parfois sur des millénaires ? C'est ce qui va être examiné dans les deux chapitres suivants.

CHAPITRE 5

La frontière et le corpus

> « Les frontières de mon langage
> représentent les frontières de
> mon monde »
> Ludwig Wittgenstein[44].

Il s'agit maintenant de formuler les bases d'une autre vision de la langue et de l'homme qui puisse être une alternative à la conception de l'homme cartésien et prométhéen décrite dans le chapitre trois. Pour cela, on s'appuiera sur certaines idées du philosophe autrichien Ludwig Wittgenstein (1889-1951), et notamment celle exprimée dans la phrase placée ici en épigraphe. Elle apparaît vers la fin du premier ouvrage publié de Wittgenstein, le *Tractatus logico-philosophicus*. Elle affirme qu'il est impossible de dire ou même de penser ce qui est au-delà du langage. Wittgenstein ne nie pas qu'il y ait de l'existant au-delà de ce que nous pouvons dire du monde, mais il affirme

---

[44] Ludwig Wittgenstein, 1961, *Tractatus logico-philosophicus* suivi de *Investigations philosophiques*. Traduit de l'allemand par Pierre Klossowski. Paris, Gallimard, § 5.6

que nous n'y avons pas accès. Chacun est enfermé dans son langage, dont les frontières tracent celles de sa pensée. Dans sa préface, Wittgenstein annonce que :

« [C]e livre tracera donc une frontière à l'acte de penser, - ou plutôt non pas à l'acte de penser, mais à l'expression des pensées : car pour tracer une frontière à l'acte de penser, nous devrions pouvoir penser les deux côtés de cette frontière (nous devrions donc pouvoir penser ce qui ne se laisse pas penser). La frontière ne pourra donc être tracée que dans la langue, et ce qui sera au-delà de cette frontière sera simplement dépourvu de sens »[45].

Il ajoute : « Ce que nous ne pouvons penser, nous ne saurions le penser ; donc nous ne pouvons dire ce que nous ne saurions penser »[46]. L'étendue de notre ignorance nous est ainsi inconnue.

Ce point de vue assez sceptique tranche avec le scientisme conquérant de son époque : l'homme cartésien armé de son esprit est capable de comprendre le monde extérieur en le réduisant à des composants dont il possède des équivalents dans son esprit, c'est-à-dire des concepts nommés par des mots. Il est ensuite en mesure de reformuler ses observations en termes de logique et de mathématiques, « découvrant » ainsi les lois qui régissent la nature. Le monde est compréhensible, et notre système nerveux, convenablement utilisé, peut en voir et en formuler le sens sans limite. Nous pouvons tout penser et tout dire. Les mystères du monde sont destinés à être révélés au grand jour grâce aux progrès de la science. Le savant dans son laboratoire a un accès direct à son objet d'étude : il suffit qu'il s'attèle sérieusement à la tâche. Il est ainsi le Prométhée moderne, celui qui apporte la

---

[45] Wittgenstein 1961, préface.
[46] Wittgenstein 1961, § 5.61.

connaissance aux hommes en allant la dérober là où elle est cachée, dans un univers qui semble incompréhensible, mais qui est seulement très complexe.

Pour Wittgenstein, en revanche, « tout ce que nous pourrions absolument décrire, pourrait être décrit autrement. Il n'y a point un ordre de choses *a priori* »[47]. S'il a raison, les conséquences sont dramatiques : il n'y a plus de loi générale indépendante de l'observateur. Le monde n'est plus une entité qui attend de toute éternité d'être comprise par l'homme ; il n'y a plus d'univers structuré et stable qui offre ses mécanismes de manière non-équivoque à la vue de celui qui sait les rechercher.

On retrouve ce doute dans d'autres branches du savoir à cette époque, notamment chez Kurt Gödel, un mathématicien et logicien autrichien, qui s'attaqua aux *Principia Mathematica*, l'ouvrage monumental de Bertrand Russell et d'Alfred Whitehead (publié de 1910 à 1913), dont l'objectif était d'ancrer les mathématiques dans la logique, c'est-à-dire de donner une explication du Grand Tout, de l'univers dans sa totalité, ramené idéalement à quelques équations. Mais dans ses célèbres théorèmes d'incomplétude, Kurt Gödel montra qu'au sein d'une axiomatique, toutes les propositions ne sont pas démontrables : il en restera toujours dont on ne pourra pas déterminer la valeur de vérité au sein de la théorie[48]. En conséquence, il ne peut pas y avoir de théorie mathématique du tout, car il faut nécessairement un point de vue extérieur pour lui donner son sens.

---

[47] Wittgenstein 1961, § 5.634.
[48] Kurt Gödel, 1931, « Über formal unentscheidbare Sätze der *Principia Mathematica* und verwandter Systeme », I. (« Sur les propositions formellement indécidables des *Principia Mathematica* et des systèmes apparentés ») *Monatshefte für Mathematik und Physik, 38.*

S'il n'y a pas d'ordre général préétabli, il y a seulement des ordres locaux formulés et compris par un observateur placé en dehors de la théorie, qui n'a pas de sens en soi, mais seulement par rapport à nous qui l'avons conçue et qui la voyons de l'extérieur. Cette conclusion semble stupéfiante, et c'est pourquoi les résultats de Wittgenstein et de Gödel sont souvent incompris, minimisés ou plus simplement ignorés. Dans ce texte, on considérera qu'ils ont du sens, et on essaiera de voir quelle image de l'homme et du monde ils produisent quand on les accepte pleinement.

L'argument du langage privé

Dans ses *Investigations philosophiques*, Wittgenstein développe l'idée que le langage n'est pas essentiellement un phénomène intérieur. C'est ce qu'on a appelé l'argument du langage privé.

« A quoi cela ressemblerait-il que les hommes ne manifestassent aucun signe extérieur de souffrance (ne gémissent point, ne fassent pas de grimaces, etc.) ? Il serait alors impossible d'apprendre à un enfant l'emploi du mot « mal de dent ». – Eh bien, supposons que l'enfant soit un génie et qu'il invente lui-même un nom pour ses sensations ! Mais alors, naturellement, il ne pourrait se faire comprendre par ce mot. Ainsi il comprendrait le nom sans être capable d'expliquer sa signification à personne ? Mais qu'est-ce que cela signifie de dire qu'il a « nommé sa douleur » ? Comment a-t-il fait pour dénommer la douleur ?! Et quoi qu'il ait fait, à quoi bon ? Quand on dit : « Il a donné tel nom à telle sensation », on oublie qu'il a fallu une longue préparation dans le langage, pour que le simple fait de nommer ait un sens. Et quand nous parlons de ce que quelqu'un donne un nom à la douleur, la grammaire du mot « douleur » est ici préalable à nos observations ; c'est elle qui indique le poste où le nouveau mot va être placé »[49].

Wittgenstein donne ici l'exemple d'un enfant qui apprendrait à parler, qui essaierait de nommer ce qu'il ressent de l'intérieur, mais qui constaterait que personne ne comprend ce qu'il veut dire. La raison en est que le mot inventé (pour « mal de dent » par exemple) n'aurait pas de grammaire, c'est-à-dire qu'il ne serait pas lié à d'autres mots de la langue dans des rapports d'usage. Pour parler de son mal de dents et être compris, l'enfant doit utiliser un mot public (« mal de dent »), un mot qui a bénéficié d'une « longue préparation dans le langage », et dont il saurait par apprentissage qu'il nomme une certaine chose, une douleur qui a une existence pour nous. Il n'y a pas de langage privé. Nous ne comprenons pas les mots et les choses grâce à leurs composants présents dans notre esprit ; nous les comprenons parce qu'ils existent dans la langue en relation avec les choses qu'ils nomment et avec d'autres mots.

Une vision plus anthropologique de l'être humain

Il se dégage alors une vision de l'être humain toute différente de celle de l'homme cartésien. Il s'agit maintenant d'un être déterminé par son milieu et par la langue que parle sa communauté. Il grandit et il baigne dans un ensemble de relations sociales, culturelles et linguistiques qui constituent son monde, un monde ressenti comme non-problématique, sans mystères, en quelque sorte naturel, qui se superpose au monde réel et le remplace. Pour Maurice Merleau-Ponty[50],

« nous vivons dans un monde où la parole est instituée. Pour toutes ces paroles banales, nous possédons en nous-mêmes des significations déjà formées. Elles ne suscitent en nous que des

---

[49] Wittgenstein 1961, §257.
[50] Merleau-Ponty Maurice, 1945, *Phénoménologie de la perception.* Gallimard, page 214.

pensées secondes ; celles-ci à leur tour se traduisent en d'autres paroles qui n'exigent de nous aucun véritable effort de compréhension. Ainsi le langage et la compréhension du langage paraissent aller de soi. Le monde linguistique et intersubjectif ne nous étonne plus, nous ne le distinguons plus du monde même, et c'est à l'intérieur d'un monde déjà parlé et parlant que nous réfléchissons. Nous perdons conscience de ce qu'il y a de contingent dans l'expression et dans la communication, soit chez l'enfant qui apprend à parler, soit chez l'écrivain qui dit et pense pour la première fois quelque chose, soit enfin chez tous ceux qui transforment en parole un certain silence ».

La langue constitue l'arrière-plan de notre pensée, notre lien avec les autres, notre compréhension du monde. La créativité individuelle ne va pas de soi, ce n'est pas une activité banale. Pour être créatif, l'être humain doit se libérer de ce que pense, fait et dit sa société, au prix d'un long apprentissage et d'un effort intense. Il s'agit de se placer à la frontière du langage dont parle Wittgenstein, et ensuite de « transform[er] en parole un certain silence », le silence de l'inconnu, celui d'au-delà de la frontière, là où il n'y a encore ni pensée, ni réalité connue, ni langue. Pour cela, il faut essayer de voir ces choses sans nom et non pensées, même de manière confuse et floue ; il faut essayer de les nommer, en parler aux autres et ainsi les faire entrer dans le langage où elles seront discutées et finiront par acquérir une existence linguistique et sociale. Elles feront alors partie de notre monde « institué » ; elles existeront pour nous et elles nous sembleront naturelles.

Les conséquences de cette vision de l'être humain sont nombreuses et profondes. Elles concernent les notions d'individu et de communauté, et elles permettent de réajuster les rapports entre le *cogito* et l'*ubuntu* ; elles affectent ce qu'on appelle la vérité (donc les sciences, la logique et les mathématiques), le bien et le mal (l'éthique), la métaphysique (et notamment la question des religions), notre intériorité (la psychologie).

Corpus et pensée

Reprenons maintenant la différence entre les protestants et les catholiques en Alsace. Il nous semble qu'on la conçoit mieux maintenant, du moins dans son fonctionnement général. Chaque communauté pense son expérience et la parle d'une certaine manière. L'enfant baigne dans cet environnement qui le forme et le marque de son empreinte. Cette dernière n'est pas indélébile, mais elle ne peut être éliminée facilement ni remplacée par une autre au gré des choix que ferait la personne : elle est constitutive de l'être. Les enfants devenus adultes reprennent à leur compte ce que dit et pense leur communauté, non par choix, mais parce que c'est ainsi qu'ils ont été constitués et que c'est cette approche du monde qui les a structurés. La faute, le péché, le salut et la grâce sont des notions nommées qui apparaissent dans les textes sacrés, les discours religieux, les commentaires des théologiens, les sermons des prêtres, les conseils que donnent les adultes aux enfants, les discussions informelles et les commérages, etc. Tout cela constitue un corpus formel et informel qui se transmet de génération en génération[51]. Il est constitué de mots, non pas isolés, mais toujours donnés en contexte, un contexte à la fois linguistique (les mots

---

[51] « Car, dit le logicien et mathématicien Gottlob Frege, on ne pourra nier que l'humanité possède un trésor commun de pensées qui se transmet d'une génération à l'autre » (Frege Gottlob 1892, 1971, « Sens et dénotation », in *Ecrits logiques et philosophiques*, traduit de l'allemand par Claude Imbert, Seuil, 102-126. 1ère publication dans *Zeitschrift für Philosophie und philosophische Kritik (100)*, 1892.

apparaissent toujours dans des énoncés) et en lien avec le réel (nous parlons de notre expérience de nous-mêmes et du monde). Les mots résonnent les uns avec les autres ; ils sont compris les uns par rapport aux autres et construisent tous ensemble un réseau infini de sens connectés. En sémantique, on appelle intension ce type de sens.

Il y a aussi l'extension, c'est-à-dire les choses nommées. Il y en a de deux sortes dans notre expérience, des objets réels tels que les voitures, le fromage, ou les arbres, et des objets plus culturels comme l'amour, l'intelligence ou la beauté. Le réseau lexical qu'ils constituent enserre notre expérience et nous permet, grâce aux multiples usages des mots, d'établir des liens entre les choses. Un mot comme « mariage » par exemple, désigne traditionnellement un lien institutionnel étroit entre un homme et une femme. Il peut ensuite être utilisé métaphoriquement pour nommer d'autres couples étroits par exemple, le mariage de la vanille et du chocolat pour une glace, ou même, de manière négative, le mariage de la carpe et du lapin pour désigner une union mal assortie. Le désir des homosexuels d'être reconnus en tant que couples est sans doute lié à l'usage et donc au sens du mot « mariage ». Ils pouvaient déjà s'unir dans un PACS (pacte civil de solidarité). Mais le mot de PACS n'a pas cet usage ancien et très riche d'union étroite et institutionnelle. On ne dit pas « le PACS de la vanille et du chocolat », ni « le PACS de la carpe et du lapin ».

Les frontières de *notre* langage sont bien les frontières de *notre* monde. Nous pensons que tous les objets de notre environnement ont un nom, même si nous-mêmes nous ne le connaissons pas. Inversement, nous pensons qu'à chaque nom de notre langue correspondent un ou plusieurs objets. Les enfants posent souvent la question « Qu'est-ce que c'est ? »

en montrant un objet dont ils remarquent soudain la présence. S'il s'agit d'un artefact, d'un objet créé par l'homme, par exemple la boîte de connexion internet sous mon bureau communément appelée « box », l'enfant est sûr qu'elle possède un nom, car tous les artefacts en ont au moins un, sinon on ne pourrait ni l'acheter ni le vendre. Je le lui donnerai (« box ») et j'indiquerai aussi à quoi elle sert (connecter l'ordinateur au réseau internet). S'il s'agit d'un objet naturel, par exemple un hérisson lors d'une promenade, j'en indiquerai le nom et j'en donnerai peut-être aussi les caractéristiques essentielles (ils ont des piquants, ils se mettent en boule quand ils ont peur, etc.). Ce faisant, je signale à l'enfant que ces objets existent *pour nous*, et que des connaissances à leur sujet sont disponibles. S'il me pose la même question concernant un arbre que je ne connaîtrais pas, j'avouerai mon ignorance, mais nous serions tous les deux sûrs que des personnes plus savantes pourraient en donner le nom. D'ailleurs, de retour à la maison, nous pouvons consulter un ouvrage spécialisé ou faire une recherche sur internet.

Nous supposons naturellement que nous vivons dans un monde nommé, et le nom des choses est alors le signe de leur existence pour nous. Supposons que nous souffrions d'une douleur au niveau du thorax. Nous sommes très inquiets. Le médecin nous indique alors qu'il s'agit d'un désordre dont il nous donne le nom. Même si c'est une affection grave, par exemple une angine de poitrine, nous sommes déjà moins inquiets, car le fait que cette douleur ait un nom signifie qu'elle possède une existence sociale, que nous ne sommes ni les premiers ni les derniers à en souffrir. Et surtout, nous savons alors qu'il existe un corpus de connaissances dans lequel des remèdes seront sans doute mentionnés.

Inversement, sans les mots, certaines choses et certaines relations nous échappent totalement. Le lecteur peut procéder à une expérience : qu'il essaie de nommer tout ce qui l'environne. Il verra qu'il connait le nom de tous les objets perçus, ou bien si ce n'est pas le cas, il est presque certain que d'autres les connaissent. Ce qui possède un nom existe; inversement, ce qui n'en possède pas n'existe pas, *pour nous*, et nous ne les remarquons pas facilement.

Il y aurait donc des choses dans notre expérience pour lesquelles nous n'aurions pas de nom, et que donc nous ne percevrions pas ? Mais lesquelles ?, se demande peut-être le lecteur. Répondre à cette question est contradictoire, mais essayons tout de même de faire apparaître une de ces choses sans nom. On peut définir une bouteille comme un récipient de forme allongée, plus haut que large, au col plus étroit que le corps. Il existe nombre de récipients que nous pouvons appeler des bouteilles : des fioles, des flasques, des flûtes, des magnums, des jéroboams, etc. Quand nous en voyons un exemplaire, nous l'appelons spontanément « bouteille ». Élargissons maintenant mentalement le col du récipient et réduisons-en la hauteur par rapport à la largeur. Nous obtenons des bassines, des bols, des jarres, des pots, des cuvettes, etc. Or nous ne disposons pas d'un mot capable de rassembler les sous-catégories de ce type comme le fait « bouteille » pour tous les types de bouteilles. Il y a bien « récipient », mais ce mot n'est pas iconique[52], il est très général. Pourquoi est-ce ainsi ? Il est difficile de répondre à

---

[52] Un mot iconique évoque une forme : c'est le cas de « chien » ou de « chat », mais pas d'« animal », qui rassemble des sous-catégories, mais n'évoque pas de forme.

cette question. Sans doute n'avons-nous collectivement jamais eu besoin de nommer une catégorie qui rassemblerait tous ces objets, et peut-être y a-t-il des langues où elle existe. La conséquence est que pour nous, les jarres, les pots, les bassines et les objets de ce type, sont plus indépendants les uns des autres que les jéroboams et les flasques, qui sont rassemblés dans la catégorie des bouteilles.

Les mots mettent les objets qu'ils désignent en relation avec d'autres mots et d'autres objets nommés ; tout un univers nous échapperait sans eux. Prenons l'exemple des caresses. Ce que nous appelons ainsi pourrait exister dans notre vie individuelle sans être nommé. Nous pourrions parler de gestes affectueux ou de sensations produites par le vent sur le visage. Mais sans le nom de *caresse*, il manquerait le lien entre eux. Rien ne pourrait conjoindre dans notre esprit un geste affectueux et la sensation du vent comme le fait le mot *caresse*[53].

En résumé, l'homme n'est pas mu par une singularité qui habite son corps. La société n'est pas le fruit d'un accord entre les individus ; elle n'est pas une organisation créée par les contemporains ; elle est la matrice qui nous donne vie et qui nous forme ; elle préexiste à notre naissance et elle nous survit. La langue n'est pas un moyen vers une fin, un code qui nous est donné pour transmettre nos pensées aux autres ; elle est le monde dans lequel nous vivons et elle en constitue la frontière. Notre pensée n'est pas essentiellement le fruit d'une intense activité personnelle ; elle nous est transmise par les corpus qui constituent l'être de notre communauté et qui nous

---

[53] Pour une étude approfondie de ce mot et de quelques autres, voir Pierre Frath, 2016, « Référence et dénomination de l'être et du non-être » In *Res-per-nomen V : Négation et référence*. Editions et Presses Universitaires de Reims. Coord. E. Hilgert, S. Palma, R. Daval, P. Frath.

déterminent. Cependant, nous avons une certaine latitude pour nous détacher, au prix d'un effort, des lieux communs de notre communauté et de notre langue pour parvenir à une nouvelle vérité, différente de celle qui est dans le langage. Cette idée n'est pas neuve. Le philosophe américain G.H. Mead, parmi d'autres, avait lui aussi insisté sur le primat de la société et de la langue sur la pensée individuelle. Il n'y a pas, pour lui, de pensée ni d'intelligence en dehors de l'acte de langage. L'homme ne développe pas une argumentation dans son esprit pour, ensuite, la mettre en mots afin de la communiquer à autrui. Mead insistait aussi sur le fait que l'individu peut prendre des distances vis-à-vis des normes sociales et réagir comme un « je » et pas seulement comme un « moi » façonné par elles[54].

Pensée, corpus, monde, individu et société sont étroitement liés. Il reste maintenant à voir comment fonctionnent ces relations. Ce sera le sujet du chapitre suivant.

---

[54] G. Mead, *L'Esprit, le soi et la société*, p. 238 à 242 (livre cité).

CHAPITRE 6

Le pouvoir magique de la langue

> « La philosophie est la lutte contre
> l'ensorcellement de notre entendement
> par les moyens de notre langage »
> Ludwig Wittgenstein[55].

Si pour Wittgenstein nous sommes dans le langage et que le langage est notre frontière, cela ne va pas sans problèmes. La citation placée en épigraphe ci-dessus soulève une difficulté que Wittgenstein considère comme inhérente au langage : il est trompeur. Si nous sommes dans le langage comme le poisson est dans l'eau, nous ne pouvons cependant nous y fier de manière absolue. Le langage nous ensorcelle, dit Wittgenstein, et c'est à la réflexion critique de nous aider à éclaircir notre entendement. Mais Wittgenstein est assez pessimiste, l'ensorcellement aura lieu de toute façon. « Ce que je veux enseigner, dit-il, c'est de passer d'un non-sens non évident à un non-sens évident[56] ».

---

[55] Wittgenstein 1961, *Investigations Philosophiques*, §109.
[56] Wittgenstein, 1961, *Investigations Philosophiques,* §464.

Pour bien comprendre ce que Wittgenstein appelle « ensorcellement », il faut maintenant mener une réflexion plus linguistique. En quoi le langage est-il trompeur ? Pour répondre à cette question, vont être examinées un certain nombre de questions liées à la langue et à sa puissance créatrice : le lien entre le nom et la chose ; le statut du nom des choses ; la confusion entre les objets anthropologiques et les objets réels ; la croyance que les choses nommées sont accessibles sans voile ; le pouvoir magique de la langue et la création d'objets *ex nihilo* ; le pouvoir démiurgique de la langue et l'existence séparée des choses.

Le lien entre le nom et la chose

Les travaux menés par Edward Sapir, puis par son disciple Benjamin Whorf sur les langues des Amérindiens les ont amenés à considérer que c'est la langue qui est à l'origine des représentations mentales et que c'est elle qui nous fait voir le monde d'une certaine manière. C'est ce qu'on a appelé l'hypothèse de Sapir-Whorf. Cette idée avait déjà été avancée par Humboldt[57], mais elle a été popularisée par Whorf dans un ouvrage posthume[58]. Elle avait également été développée par Edward Sapir dès 1921[59], d'où le double nom de cette hypothèse. Pour Georges Mounin, un grand linguiste français, elle « pose que les structures linguistiques de notre langue première conditionnent au sens propre, c'est-à-dire

---

[57] La langue exerce une « action continuelle et habituelle [...] sur les idées et leur développement », dit-il par exemple dans son texte intitulé *De l'origine des formes grammaticales et de leur influence sur le développement des idées* (Humboldt, 1822-23, traduction de 1859, republié en 1969).

[58] Whorf B. L., 1956, *Language, Thought and Reality*, Wiley & Sons, New York.

[59] Sapir Edward, 1921, *Language*, Harcourt & Brace, New York .

prédéterminent, orientent et surtout organisent la vision que nous avons du monde non-linguistique »[60].

L'hypothèse de Sapir-Whorf prend le contrepied de la vision cartésienne de la langue selon laquelle nous exprimons par la parole des pensées qui naissent de manière conceptuelle, non-linguistique, dans notre cerveau. Elle décrit l'action des langues sur notre conception du monde et explique pourquoi nous voyons les choses de telle ou telle manière. Elle partage avec la vision classique la notion que ce qui compte, ce sont les représentations mentales des locuteurs. Mais le rapport entre la pensée et le langage est plus complexe que cela et ne peut pas être réduit au *cogito*, à un fonctionnement psychologique individuel. La langue fait partie de l'*ubuntu*, et leurs rapports jouent un rôle fondamental dans le va-et-vient entre langage et pensée.

Le nom des choses

Quel est le statut du nom des choses ? Voici un passage de Bertrand Russell où il définit ce qu'est une chose dans le cadre de l'approche empirique de la science qu'il préconise :

> « Let us give the name 'qualities' to specific shades of colour, specific degrees of hardness, sounds completely defined as to pitch and loudness and every other distinguishable characteristic, and so on. [...] Common sense regards a 'thing' as having qualities, but not as defined by them. [...] I wish to suggest that, wherever there is, for common sense, a 'thing' having the quality C, we should say, instead, that C itself exists in that place, and that the 'thing' is to be replaced by the collection of qualities existing in the place in question »[61].

---

[60] Mounin Georges, 1975, *Linguistique et philosophie*, PUF, p. 132-133.
[61] Russell Bertrand, 1950, 1995, *An Inquiry into Meaning and Truth*,

Il y a une raison logique à cette thèse : si une chose *a* des qualités, qu'est-elle *sans* ces qualités ? Ce verre à vin devant moi a pour qualités d'être fait de verre, d'avoir telle ou telle forme, taille, degré de transparence, capacité, etc. Si je les lui enlève mentalement, quel est cet objet désormais sans qualités ? Que reste-t-il du verre sinon une entité métaphysique inconcevable ?

C'est pour s'affranchir de cette difficulté que Russell affirme que les choses n'*ont* pas de qualités, mais *sont* ces qualités ; dès lors qu'on les a enlevées, il ne reste rien. Mais Russell tombe alors dans un autre problème métaphysique, qu'il ne remarque pas. La chose n'a plus d'existence ontologique en soi. Elle est cet ensemble de qualités, certes, mais pourquoi justement celles-ci ? Pourquoi n'avons-nous pas donné un nom à l'ensemble que peut constituer ce verre et le vin qu'il contient, ou ce verre et le bout de nappe sur lequel il est posé, ou ce verre avec l'usage que nous en faisons, ou bien ce verre et la bouteille qui le remplit ? Il manque la motivation historique, anthropologique et culturelle du phénomène de nomination.

Qu'est-ce donc que le nom des choses pour Russell ? Simplement l'étiquette d'un assemblage de composants qui nous permet de les penser et de les communiquer ensemble sous une forme pratique. Ainsi, le nom de « voiture » nous

---

Routledge. 1ère publication : George Allen & Unwin, 1950, page 98. *« Appelons 'qualités' les nuances de couleur, les degrés de dureté, les sons entièrement définis par leur hauteur et leur force, ainsi que toutes les autres caractéristiques discernables. [...] Le sens commun considère une 'chose' comme ayant des qualités, mais pas qu'elle puisse être définie par elles [...]. Je voudrais suggérer que, partout où le sens commun admet qu'une 'chose' possède la qualité C, on dise plutôt que C existe à cet endroit, et que la 'chose' doit alors être remplacée par la collection des qualités qui existent à cette place »* (notre traduction).

permet de parler et de penser la chose voiture sans référence obligée aux parties (le moteur, les roues, le volant, etc.) qui la déterminent entièrement. Ces parties ont à leur tour un nom qui représente une réalité composite, dont nous pouvons ensuite examiner les sous-parties, et ainsi de suite jusqu'à parvenir aux constituants de base de la matière, lesquels portent eux aussi des noms.

La confusion entre deux types de noms : objets réels et objets anthropologiques

Dans le chapitre précédent, a été développée l'idée que c'est le langage qui nous dit ce qui existe pour nous. Nous pensons qu'il y a un nom pour tout objet de notre environnement, et d'ailleurs nous sommes surpris quand nous apprenons que tel ou tel animal ou telle ou telle plante viennent seulement d'être catalogués par les systématiciens, c'est-à-dire officiellement nommés et classés dans une taxinomie. Cela ne veut pas dire qu'ils étaient forcément inconnus. Si la découverte concerne des animaux marins vivant dans les abysses, c'est-à-dire une zone non peuplée, alors oui, sans doute s'agit-il d'espèces inconnues jusqu'ici ; sinon, s'il s'agit par exemple d'un insecte amazonien, il est probable que les Indiens d'Amazonie l'avaient déjà nommé. Mais il n'était pas connu de la communauté des systématiciens. Car l'existence des choses concerne l'*ubuntu* : elles peuvent exister dans l'un et pas dans un autre.

Inversement, si nous pensons que tout objet est nommé, nous pensons aussi qu'à tout mot de notre langue correspond un élément de notre expérience, soit un objet du monde (voiture, maison, gruyère, rivière), soit un objet purement humain, que nous allons appeler anthropologique (tels que amour ou liberté)[62]. Un test très simple permet de se rendre compte de la différence entre les objets du monde réel et les objets anthropologiques. Imaginons un monde soudainement dépeuplé ; il resterait les objets réels tels que les voitures, les maisons, le gruyère et les rivières, pendant un certain temps tout au moins, avant qu'ils ne soient irrémédiablement altérés par le temps qui passe et la dégradation de la matière ; mais il n'y aurait plus ni amour, ni liberté.

Nous ressentons les mots anthropologiques comme différents des mots qui dénomment des objets réels, et nous les qualifions volontiers d'abstraits. Pour autant, nous ne sommes pas prêts à les rejeter dans le non-être : l'amour et la liberté existent, d'une certaine manière. Mais la langue ne signale pas la différence entre les deux types d'objets, et nous sommes amenés à penser que les entités anthropologiques existent de la même manière que les objets réels, comme s'ils étaient inscrits eux aussi dans le monde. Nous pensons alors volontiers que l'amour est un phénomène psychologique, que la conscience et l'ego sont des objets qui existent dans le cerveau et que l'on peut étudier en soi, ou que la liberté est un concept socioculturel. Ces trois objets sont effectivement cela, mais pas *que* cela. Aucune description psychologique ou sociologique, génétique ou biochimique ne peut épuiser le sens que nous donnons à *amour* et à *intelligence*, par exemple. C'est pourquoi les explications de l'amour en termes de phénomènes psychiques ou de nécessité pour la reproduction, ou bien encore de gènes, de phéromones ou de pulsions biologiques sont largement à côté de la question. L'amour existe comme entité anthropologique : tout le monde le ressent, et toutes les cultures en parlent dans leurs textes oraux

---

[62] Je me permets de faire référence ici à mes propres articles de sémantique lexicale, accessibles sur http://www.res-per-nomen.org, par exemple Frath 1999, 2001, 2002, 2004, 2007a, 2007b, 2008a, 2011a.

ou écrits. Il peut être accompagné d'un fonctionnement biologique en termes de circulation sanguine, de production hormonale ou de manifestations anatomiques du désir, mais ces phénomènes ne disent pas grand chose sur ce que nous appelons *amour*, et d'ailleurs, certaines de ces manifestations physiques peuvent également apparaître lorsque nous ressentons d'autres sensations et sentiments sans rapport avec l'amour telles que la peur ou la surprise. *Réduire* les objets anthropologiques à des caractéristiques matérielles, c'est du *réductionnisme*, une attitude souvent confondue avec l'explication scientifique.

Les mots anthropologiques d'*amour* ou de *liberté* n'ont pas de référents réels que l'on puisse identifier. Ils ne peuvent dénommer que des corpus d'usages qui déterminent à leur tour des éléments anthropologiques de notre existence qui leur sont associés. Le sens de ces mots dépend ainsi exclusivement de l'usage qui en est fait et qui est déposé dans la mémoire collective au sein de la langue.

Quant aux *objets réels*, ils peuvent être décrits par leurs caractéristiques physiques, mais ils possèdent eux aussi une part anthropologique qu'il est impossible d'épuiser. La voiture est clairement autre chose que l'ensemble de ses composants. Elle est, entre autres, le produit d'une évolution historique de la société occidentale ; elle possède une valeur sémiotique (conduire une Mercédès n'est pas la même chose que conduire une Peugeot 206) ; elle est considérée comme une nécessité par les uns et comme un fléau par les autres ; etc. Le mot « voiture » (ou ses synonymes) entre ainsi dans des usages multiples et variés où les composants n'ont pas de rôle. La voiture est donc également un objet anthropologique, et son nom réfère lui aussi à des corpus d'usages, qui constituent un arrière-plan sémiotique dans lequel nous pouvons puiser pour parler de tel ou tel aspect de l'objet[63]. Nous pouvons par exemple décider de parler de la fabrication des voitures ou bien de l'utilisation que l'on peut faire du gruyère. Nous pouvons reprendre à notre compte, de manière inconsciente, des représentations sur la valeur symbolique et sociale des voitures, par exemple que telle marque est plus prestigieuse qu'une autre, ou que telle matière dont est fait le tableau de bord est une indication sur le bon goût du conducteur. Ces usages linguistiques puisent dans la langue des mots que nous associons aux objets, par exemple pour les voitures, la vitesse, la beauté, le confort, l'excellence, le goût ; pour le gruyère, mettons, le lait, le terroir et le savoir-faire ancestral. Un nom d'objet réel est donc déterminé par les objets qu'il peut dénommer, et par un ou plusieurs corpus d'usages.

L'accès non-problématique aux choses nommées

Le sens des mots se dépose dans notre mémoire d'une part avec le souvenir des objets de notre expérience qu'ils dénomment, qu'ils soient réels ou anthropologiques, et d'autre part avec les contextes qui leur sont associés dans le corpus. Dès lors, lorsque nous parlons d'un objet, quel qu'il soit, de quoi parlons-nous au juste ? De l'objet ou du corpus associé ? Par exemple, lorsque le philosophe se penche sur la question de la conscience ou de la vérité, il croit parler des objets que dénomment les mots « conscience » et « vérité » sans toujours se rendre compte qu'ils sont déterminés par l'accumulation de ce que les textes en disent depuis la nuit des temps. Est-il conscient qu'il n'a pas face à lui un objet existant sans voiles, qu'il peut examiner directement à sa guise, sans

---

[63] C. S. Peirce appelle ces signes qui peuvent en développer d'autres des signes interprétants. Voir *Écrits sur le signe* (1978), rassemblés, traduits et commentées par Gérard Deledalle, Seuil.

interférences ? Est-il conscient qu'en écrivant, il contribue au corpus de référence ? Se rend-il compte, *in fine*, que l'objet qu'il étudie a été modifié par sa propre observation et son propre discours, si celui-ci est repris par d'autres ?

Il est remarquable que ces interrogations ne parviennent pas souvent à la conscience de ceux qui réfléchissent à ces questions : nous sommes tous « ensorcelés » par le langage. Nous croyons alors que les objets ont une « essence » que nous pouvons formuler.

Et si l'ensorcellement nous affecte de manière inconsciente, il nous impose cependant certaines limites, notamment quand nous essayons de définir le sens des mots. Nous avons souvent le sentiment que nous ne pouvons pas faire progresser notre pensée si nous ne définissons pas clairement ce dont nous parlons. Cependant, il s'agit là d'une quête essentialiste, et nous savons par expérience que toute définition est approximative, imparfaite et incomplète. La raison en est que les corpus d'usage associés sont si riches qu'il est impossible de les résumer pour les intégrer dans une définition. Dans un des passages les plus connus de son livre *Le cahier bleu* dans lequel il analyse le mot « jeu », Wittgenstein déplore notre « tendance à croire qu'il existe un élément singulier commun à toutes les entités que désigne globalement le terme de généralisation. Nous pensons ainsi que tous les jeux ont en commun une certaine propriété, et que celle-ci justifie le vocable générique 'jeu' que nous leur appliquons »[64].

Le sens n'est pas une production individuelle de nos cerveaux ; il est le résultat de siècles d'*ubuntu*, transmis de génération en génération.

---

[64] Wittgenstein Ludwig, 1965, *Le cahier bleu et le cahier brun*, Gallimard. 1ère publication : Basil & Blackwell 1958.

Le pouvoir magique de la langue et la création ex nihilo

Dieu a créé le monde par la puissance de son verbe : « Que la lumière soit, dit-il, et la lumière fut » (Genèse 1.3). Et il semble en effet qu'un pouvoir magique ait été attribué à la langue depuis la nuit des temps. C'est en prononçant une incantation ou bien en jetant un sort verbalement que l'acte magique se fait, selon la tradition. Ces croyances n'ont plus de reconnaissance scientifique depuis longtemps, même si elles restent vivaces dans la culture populaire, les arts et la littérature. Nous prenons plaisir à lire les aventures d'Harry Potter et de ses amis, capables de faire jaillir de la lumière au bout de leur baguette magique en prononçant le mot de *lumio*, ou bien de déplacer des objets à l'aide du mot *actio*. Mais peu de nos contemporains croient sérieusement que la langue soit capable de la création *ex nihilo* d'objets réels ou de leur déplacement.

Pourtant, et c'est assez surprenant, il existe bel et bien des actes de langage qui créent une certaine réalité. Il s'agit de ceux que John L. Austin[65] a appelé des actes illocutionnaires, par exemple « Je vous déclare mari et femme » ou « Je te baptise au nom du Père, du Fils et du Saint-Esprit ». Le mariage et le baptême acquièrent une réalité par la grâce même de ces phrases. Si le maire ou le prêtre ne les prononcent pas, le couple n'est pas marié et le bébé n'est pas baptisé. Ni le couple marié, ni le bébé baptisé n'ont été modifiés physiquement en quoi que ce soit par les phrases illocutionnaires de la cérémonie, mais leur situation sociale et

---

[65] J. L. Austin, 1955, 1970, *Quand dire c'est faire* Éditions du Seuil, Paris. Traduction française de *How to do things with words* (1955) par Gilles Lane, 1970.

symbolique au sein de leur communauté s'est transformée profondément[66].

Le pouvoir démiurgique de la langue et l'existence séparée des choses nommées

La langue possède aussi un autre pouvoir magique, tout aussi surprenant mais moins connu, celui de donner une existence *séparée* aux objets. Nous vivons dans un monde nommé, nous l'avons dit. La langue nous présente notre monde comme fait d'entités dont l'existence *séparée* va de soi. Ce faisant, elle nous enserre dans une conception du monde particulière, qui aurait pu être différente si nous avions parlé une autre langue. Ce que les anglophones appellent *river* est pour un francophone soit une rivière, soit un fleuve, selon que le cours d'eau en question se jette dans la mer où dans un autre cours d'eau. Le débit est aussi un critère : un cours d'eau à faible débit qui se jette dans la mer, par exemple la Rance, reste une rivière. Les francophones peuvent discuter entre eux de la différence entre les fleuves et les rivières, pas les anglophones. En russe il existe trois mots pour nommer ce qu'un francophone appellerait *jus de fruit*. Il y a *sok*, qui nomme les jus de fruits frais (pommes, poires, oranges, citron, etc.). Il y a aussi *mors*, qui nomme le jus de canneberges. Et il y a *kompot*, qui nomme des décoctions de fruits secs bouillis (raisins secs, pommes séchées, etc.), et aussi des jus faits de baies telles que les fraises, les myrtilles, les mûres, les groseilles, le cassis, etc.[67]. Les noms sélectionnent bel et bien

---

[66] Sur John Austin le lecteur pourra consulter le livre de René Daval, *Austin*, chez Ellipses, Paris, 2000, et l'article « G. E.Moore, J. Austin et la critique de l'illusion descriptive » in *John L. Austin et la philosophie du langage ordinaire*. Dir. S. Laugier et C. Al-Saleh, Hildesheim, Zürich, New York, 2011.

des éléments de notre expérience et leur donnent une existence séparée, susceptibles de varier selon la langue.

Autre exemple : le mot français *envie* possède le sens de « convoitise de ce que possède une autre personne » (envier quelqu'un) et celui d'un « désir soudain » (avoir envie de quelque chose). Le premier sens se traduit en allemand par *Neid* ; le second, par *Lust*. Les francophones pourront voir un lien sémantique entre les deux sens d'*envie*, généré par le mot *envie* ; pour les germanophones, *Neid* et *Lust* sont deux objets séparés sans aucun lien. La séparation est bien produite par l'existence de deux noms différents. La langue possède ainsi un pouvoir démiurgique, quasiment magique de séparation des choses, si ce n'est dans la nature, en tous les cas pour nous dans notre expérience.

Lorsque le philosophe se penche sur des questions telles que celles de vérité, de conscience ou de liberté, est-il sûr de leur existence séparée ? Par exemple, le dualisme âme / corps est traditionnel dans la pensée occidentale et dans celle de beaucoup d'autres cultures. Puisque nous avons des mots pour les dire, ces entités vivent une vie séparée, sans que nous soyons sûrs que cette séparation soit effective dans le réel. Comme Popper et Eccles (chapitre 1), on peut alors développer des théories diverses et variées sur ce couple dont l'existence semble si naturelle. Et ce qui est remarquable, c'est que le déterminisme linguistique de cette distinction nous échappe totalement : nous sommes bien « ensorcelés » par le langage.

J'ai vu récemment une émission télévisée sur des études neuroscientifiques concernant la recherche de l'altruisme dans le cerveau des êtres humains. Pour les chercheurs, il n'y a pas de doute qu'il existe une telle chose que l'altruisme et qu'elle

---

[67] Merci à Olga Frath pour ses patientes explications.

est localisable dans le cerveau. Pourtant, le mot *altruisme* ne fait que regrouper un certain nombre de comportements considérés comme moralement bons par l'*ubuntu*, qu'on aurait sans doute du mal à caractériser avec précision. Il n'est pas sûr que d'autres langues ne les rassemblent pas autrement, et dans ce cas, leur localisation dans le cerveau sera-t-elle différente ? Mais cette question n'est pas abordée par les chercheurs, presque tous américains, donc profondément monolingues : la diversité des langues ne les préoccupe pas. Par surcroît, la question de savoir si l'homme est altruiste n'a pas de sens en dehors de la proposition inverse qui maintient que l'homme est fondamentalement égoïste, une notion qui s'est imposée en psychologie surtout outre-Atlantique suite à des interprétations sociobiologiques discutables de la théorie de l'évolution de Darwin sur le thème de la survie du plus fort (« the survival of the fittest »). Celui qui est en mesure de s'imposer égoïstement face aux autres aurait une meilleure chance de transmettre ses gènes égoïstes à la descendance de l'espèce et l'altruisme devrait alors être en régression. Mais ce n'est pas le cas, et les chercheurs ont effectivement trouvé des zones du cerveau qui s'activent lorsque l'être humain est en empathie avec d'autres. L'un d'entre eux a alors avancé l'idée que le sens éthique pourrait être une donnée biologique naturelle. La question du Bien et du Mal serait ainsi réglée par la biologie. De là il n'y aurait qu'un pas, que le chercheur interrogé n'a pas franchi, précisons-le, pour considérer qu'un criminel n'est pas plus responsable de ses actes que de la couleur de ses cheveux. Cette position ressemblerait alors beaucoup à celle des Manichéens contre lesquels avait lutté Saint Augustin au Ve siècle, et qui affirmaient que Dieu étant tout-puissant, il pourrait éradiquer le Mal s'il le voulait. S'il subsiste, c'est que c'est la volonté divine, et qui sommes-nous pour nous y opposer ? Les criminels ne sont ainsi pas responsables de leurs actes.

La recherche actuelle étant très cloisonnée, il manque souvent aux chercheurs une certaine culture classique ainsi que des connaissances de base en philosophie et dans les sciences humaines. Ils ne s'interrogent pas sur les prolégomènes de leurs hypothèses. Ils ne se demandent pas, par exemple, si leur quête ne leur a pas été suggérée par les mots d'égoïsme et d'altruisme eux-mêmes ainsi que l'énorme corpus religieux et philosophique qui les accompagne. On ne peut pas dire que leurs travaux soient sans intérêt ; il semble toutefois qu'une prise de conscience de la possibilité d'un « ensorcellement par le langage » leur aurait évité une certaine naïveté réductionniste.

Cette tentative spontanée de naturalisation de l'éthique pose le problème plus général de la métaphysique, peut-être l'élément qui distingue le plus essentiellement les êtes humains des animaux. Ne disposant pas de langues, ces derniers ne se posent aucune question éthique et ne s'inquiètent pas de la finitude de la vie. C'était l'argument développé par Vercors dans son roman philosophique de 1952, *Les animaux dénaturés*, dans lequel il s'agissait de déterminer si les Tropis, une espèce fictive nouvellement découverte située entre le singe et l'homme, doit être considérée comme humaine ou non. D'intenses discussions ont eu lieu, et pour finir, on les a considérés comme des êtres humains parce qu'ils faisaient fumer de la viande pour la purifier. Ils avaient ainsi une préoccupation métaphysique. Ce point de vue est infiniment plus riche que le réductionnisme de Hauser, Chomsky et Fitch qui ont affirmé en 2002, dans un article publié dans *Science*, « The Faculty of Language: What Is It, Who Has It, and How Did It Evolve? », que ce serait la récursivité qui ferait la différence entre les langages humains et animaux, c'est-à-dire une fonction mathématique que la plupart des linguistes américains, et beaucoup d'autres, considèrent comme existant dans le cerveau et le langage des êtres humains. On peut pourtant prouver aisément qu'il ne s'agit là que d'une tentative simpliste de trouver une cause première naïvement essentialiste de notre humanité[68].

Le réductionnisme naturalisant s'inspire sans le savoir des lieux communs théologiques inconscients qui règnent dans l'*ubuntu* et qui le mènent inéluctablement vers une métaphysique qui s'ignore. La naturalisation se fait en attribuant une existence en soi séparée aux objets anthropologiques dénommés, tels l'altruisme, l'égoïsme ou l'amour. Si le cerveau est bien évidemment une entité biologique avec des fonctionnements descriptibles, cela n'est pas le cas de ses contenus sémantiques, qui relèvent des sciences de la culture. Le sens n'est pas inscrit dans les gènes, seulement sa possibilité. Sa diversité n'est pas du ressort de la biologie.

Résumons donc ces deux chapitres. Nos pensées individuelles et collectives sont très fortement déterminées par notre *ubuntu* linguistique. La langue nous est donnée par notre milieu, d'abord familial, puis scolaire, puis social et professionnel. Elle nous forme et nous structure. Les mots préexistent à notre naissance et ils viennent à nous avec des corpus d'usage qui en contiennent le sens et la manière de parler des objets dénommés. Ils ont la propriété de donner une existence séparée aux objets réels et anthropologiques qui

[68] Voir Frath Pierre, 2014, « There is no recursion in language ». In *Proceedings of the Mons International Conference on "Language and Recursion"*, 14-16 March 2011, Mons, Belgium.

constituent notre vie ; ils possèdent une puissance démiurgique. Nous ne sommes pas conscients de ce déterminisme et nous croyons volontiers que les objets dénommés existent en eux-mêmes, ce qui est partiellement le cas des objets réels, et que nous y avons un accès sans voiles. En réalité, ils font tous référence à ce qui a été dit par le passé et qui nous a été transmis par la langue.

Mais si les usages des mots sont déterminés par la langue, nous avons tout de même la liberté de les utiliser autrement, dans certaines limites. Le lecteur a sans doute remarqué que l'usage dans ce livre du mot de *cogito* est beaucoup plus général que l'usage habituel. Par surcroît, il a été opposé à un mot bantou relativement peu connu, *ubuntu*. Si ce livre avait du succès et que cette opposition était reprise par d'autres, augmentant ainsi son corpus d'usages, elle passerait dans la langue courante avec de nouveaux sens pour *cogito* et *ubuntu*.

La suite de l'ouvrage sera maintenant consacrée à l'étude de cas d'espèce.

Seconde partie

Cogito ET *ubuntu* : vers un monde meilleur…

Introduction

Dans ce texte on a utilisé les termes de *cogito* et d'*ubuntu* dans des sens particuliers. Le premier est bien connu car il est issu des thèses de Descartes, un des plus grands philosophes européens ; le second est un terme de la philosophie africaine, dont l'influence sur la pensée de l'humanité n'en est qu'à ses débuts. Par *cogito*, nous entendons l'attitude d'une société qui place l'individu avant la communauté et qui le valorise par-dessus tout. La société n'est alors que la congrégation des êtres humains reliés entre eux par un contrat social formulé explicitement à l'aide du langage, par exemple dans la loi. Les individus sont animés par une singularité spirituelle placée dans leurs corps par une entité démiurgique, Dieu ou la Nature, de manière tout à fait aléatoire, ce qui a pour conséquence l'égalité des âmes à la naissance, et rend possible l'émergence de la démocratie. L'inconvénient du *cogito* est le développement d'un égocentrisme parfois forcené qui se transforme aisément en égoïsme, voire en cupidité. L'avantage en est l'affaiblissement de l'appartenance communautaire, ce qui permet une identification à l'ensemble de l'humanité. Le *cogito* n'est pas synonyme de conscience. Il s'agit d'une attitude, et non d'un objet.

L'*ubuntu* est la position inverse : c'est la société qui vient d'abord et c'est elle qui forme l'individu. Les liens intracommunautaires sont très forts, mais l'individu y est souvent entièrement déterminé par la société, ce qui peut limiter sa créativité. D'autre part, l'*ubuntu* a tendance à vivre replié sur lui-même, sans reconnaissance des êtres humains extérieurs à la communauté. L'*ubuntu* n'est pas réductible à la notion de culture ou de communauté, même s'il y a des points communs. La culture est déterminée par des contenus[69], la communauté par des personnes identifiables individuellement ou collectivement. L'*ubuntu*, tout comme le *cogito,* est une attitude ; elle se caractérise par un sentiment d'appartenance.

Le *cogito* et l'*ubuntu* sont cependant liés : c'est l'*ubuntu* de notre société occidentale qui a créé le *cogito*, et c'est le *cogito* qui est en mesure de transformer l'*ubuntu*, en bien ou en mal. Ils sont ainsi les points extrêmes sur un continuum, et il s'agit maintenant de voir comment les deux peuvent travailler de concert vers un monde meilleur. Dans ce livre, nous avons montré comment les idées se propagent et s'imposent dans la société par le moyen du langage et des corpus, qui sont les dépositaires des connaissances, des mots pour les dire et des manières de les utiliser. La question du langage est ainsi essentielle, et pour changer les choses, il faudra produire des discours qui donnent une place toute nouvelle à la fois à l'*ubuntu* et au *cogito*.

---

[69] Certains lecteurs regretteront peut-être que la notion de culture n'ait pas été plus développée dans ce livre. Mais le problème est complexe, les écrits à ce sujet sont très nombreux, et il est impossible de lui accorder ici la place qu'il mérite. D'autres auteurs l'ont abordé avec talent et créativité. Nous renvoyons le lecteur intéressé notamment aux travaux de Ernst Cassirer, *Logique des sciences de la culture*, 1942, 1991 (Cerf), et de François Rastier, par exemple *Arts et sciences du texte*, 2001 (PUF), *Une introduction aux sciences de la culture*, 2002 (PUF), ou encore *Apprendre pour transmettre. L'éducation contre l'idéologie managériale*, 2013 (PUF).

La suite du texte est une illustration de ce point de vue ; il s'agit de voir comment il pourrait résoudre certaines questions en politique, en économie, en éducation et en éthique.

CHAPITRE 7

Démocratie, laïcité et universalisme

Inde, Irlande, Belgique

Le cas des castes en Inde a été mentionné dans la première partie (chapitre deux). Les âmes n'étant pas égales à la naissance, la démocratie peine à se développer car les membres des castes supérieures répugnent à mélanger leurs voix avec celles des âmes inférieures. Jusqu'ici, les conflits qui ont eu lieu en Inde n'ont pas été causés par la division de la société en castes, mais plutôt par les antagonismes religieux, par exemple entre hindouistes et musulmans.

Il y a d'autres exemples dans le monde beaucoup plus sanglants, comme en Irlande du Nord. Les troubles ont commencé dans les années soixante après un demi-siècle de ségrégation communautaire au niveau du logement, des écoles, des emplois, avec une oppression croissante des catholiques par les protestants, « démocratiquement » décidée à Stormont, le parlement de l'Ulster. Les catholiques et les protestants vivaient de manière séparée, avec peu de contacts les uns avec les autres, et c'est ainsi que des différences reconnaissables se sont installées dans leur manière de parler. Même les noms et les prénoms étaient des indicateurs de religion. A l'école, on enseignait une histoire et une religion différentes. Les communautés reconnaissaient leurs concitoyens non en tant que sujets britanniques habitant l'Ulster, mais en tant que membres d'une religion, la leur ou celle des autres. L'hostilité entre les deux communautés s'ancrait dans la domination coloniale séculaire des Anglais en Irlande, dont la partie sud, catholique, obtint son indépendance après une lutte sporadiquement armée entre 1916 et 1923. Les protestants étaient majoritaires dans quatre des six comtés qui forment l'Ulster, et ils ont obtenu leur maintien dans le Royaume-Uni. Ils ont conçu un fort ressentiment à l'encontre de la République d'Irlande, la fauteuse de troubles à leurs yeux, et les catholiques de l'Ulster, dont l'objectif affiché était le rattachement à l'Irlande indépendante. Les catholiques ont commencé à se rebeller dans les années soixante, et il s'en est suivi une guerre civile meurtrière. Elle s'est arrêtée en raison de la lassitude des protagonistes dans les années quatre-vingt-dix, et grâce aussi à l'activisme de citoyens et de politiciens qui ont commencé à déségrégationner la vie intercommunautaire, première étape vers un *ubuntu* commun apaisé, toujours en voie de constitution.

En Belgique, les risques de conflit armé sont faibles, mais on constate là aussi le remplacement d'un *ubuntu* national belge par deux *ubuntus* communautaires qui s'opposent. L'indépendance de la Belgique a été proclamée en 1830 sur les ruines du Royaume-Uni des Pays-Bas, fondé par le Congrès de Vienne en 1815 et dominé par les Hollandais. Les Flamands néerlandophones, majoritairement catholiques, ont préféré lier leur destinée à d'autres catholiques, les Wallons, plutôt qu'aux protestants hollandais du nord du Royaume. Le français a été choisi comme seule langue officielle, ce qui a été accepté par les Flamands, dont les élites étaient francophones. La question linguistique ne s'est posée que plus tard lorsqu'un nationalisme flamand à vu le jour au XIXe siècle après la scolarisation des Flamands dans leur langue. La néerlandisation de la Flandre s'est accélérée lorsque les Flamands sont devenus majoritaires au Parlement dans les années vingt. Depuis, les communautés n'ont cessé de se séparer, au point que la création de deux entités n'est plus du domaine de l'impensable. Là aussi, comme en Irlande du Nord, le vote des citoyens est fondé sur une différence, de langue en l'occurrence, que la démocratie n'a fait que creuser.

L'Irak

On a tendance dans certains pays à voter pour son *ubuntu* à soi, rejetant celui des autres. C'est cette donnée fondamentale que les Américains n'ont pas comprise quand ils ont organisé des élections en Irak en 2005. L'Irak est un pays issu de découpages coloniaux ; il regroupe des peuples sans histoire commune autre qu'éventuellement conflictuelle, notamment entre les chiites et les sunnites sur le fond d'un schisme religieux qui remonte au début de l'ère islamique et qui divise la région depuis cette époque. Il y a aussi les Kurdes, qui ont des aspirations nationales, les chrétiens, qui vivent depuis toujours au sein de la majorité musulmane dans une relative entente, et diverses autres communautés comme les Yézidis. Les juifs ont quitté l'Irak dans les années soixante-dix, après des exactions organisées par le gouvernement. Les Irakiens sont conscients d'être d'abord des membres de communautés séculaires ; ils ne sont irakiens que depuis les années cinquante. L'ancien dictateur, Saddam

Hussein, avait essayé de forger un sentiment national par le moyen éprouvé d'une guerre contre un ennemi commun, l'Iran, entre 1980 et 1988[70], puis contre le Koweit en 1991, perdues toutes les deux. Depuis les élections organisées par les Américains en 2005, c'est l'*ubuntu* communautaire qui s'exprime à chaque consultation populaire, et non un *ubuntu* national, chaque communauté votant pour les siens. C'est la majorité chiite qui dirige le pays, ce qui génère des conflits avec les autres communautés.

Comme l'ordre public s'est effondré après le retrait des forces armées américaines, des mouvements islamistes ont pu se former et ils ont obtenu le soutien des sunnites frustrés par la domination des chiites. Les affrontements en Syrie entre le dictateur local, Bachar-el-Assad, et les rebelles leur ont donné l'occasion d'augmenter le territoire qu'ils contrôlent et de lancer une guerre qui vise à instaurer le « Califat » au sein d'un « État Islamique », c'est-à-dire une forme de gouvernement dont le nom rappelle les heures de gloire des débuts de l'islam. L'idéologie de cet « État Islamique » est une vision dévoyée et barbare de l'islam qui renvoie à toute une série de fantasmes qui serons évoqués plus loin. Ce qui caractérise ces islamistes, c'est un *ubuntu* extrême qui ne reconnaît l'Autre que s'il est musulman, de préférence de leur obédience.

Les Yézidis font partie de l'ethnie kurde et ils sont adeptes d'une religion qui prend sa source dans la civilisation perse, notamment dans le culte de Mithra. Les islamistes les considèrent comme des mécréants à peine humains et c'est pourquoi ils n'ont pas hésité à capturer des milliers de femmes yézidies pour les utiliser comme esclaves sexuelles. Une

---

[70] Bismarck avait réussi à unifier l'Allemagne sur le dos de la France grâce à la guerre de 1870-1871.

d'elle, Nadia Murad, qui a réussi à s'enfuir de son enfer, dit qu'« ils (les islamistes) nous haïssent [...] parce que notre religion ne reconnaît pas le diable : nous pensons que le mauvais n'existe que si l'homme le fabrique, il n'existe pas en soi, et encore moins dans la nature, qui est bonne par essence ». Mais cette attitude d'exclusion et de rejet ne vient pas de nulle part. Nadia Murad ajoute : « J'ai grandi en Irak, où chaque fonctionnaire, chaque médecin vous stigmatise parce que vous êtes yézidie. Vous êtes constamment renvoyé à votre religion »[71]. Les conflits entre *ubuntus* différents étaient ainsi en germe dans la société locale avant la guerre civile.

Créer un ubuntu englobant

On peut ainsi relier causalement certains des malheurs au Moyen-Orient à l'« instauration de la démocratie » par les Américains en Irak[72]. D'aucuns pensent que les peuples de ces régions ne sont pas mûrs pour la démocratie. Mais cette affirmation est trop vague, et surtout, elle ne permet pas de décider *quand* ils seront prêts. Une explication par les relations entre l'*ubuntu* et le *cogito* semble préférable parce qu'elle peut, elle, donner les moyens de l'action.

Pourquoi les citoyens occidentaux sont-ils prêts à voter pour des gens qui ne font pas partie de leur *ubuntu* restreint, par exemple religieux, régional, ou linguistique ? Les Français

---

[71] *Charlie-Hebdo* n°1232 du 2 mars 2016, page 15.
[72] Il y a aussi d'autres facteurs, parmi lesquelles la politique israélienne, dont la brutalité vient en réponse à l'hostilité incessante des pays musulmans, où l'antisémitisme est bien installé, et qui voient l'implantation d'Israël en Palestine en 1948 et la tragédie palestinienne qui s'en est suivie comme emblématique des relations entre l'Occident et les musulmans.

ont élu Nicolas Sarkozy, d'origine hongroise, et ils élisent sans problème des représentants issus de communauté minoritaires, et d'ailleurs, on ne compte plus les ministres et les députés d'origine étrangère ou membres d'une religion non chrétienne. Les Américains ont élu et réélu Barrack Obama, un noir dont le père était étranger, kényan. Seule la marge délirante[73] dans les deux pays considère qu'un membre d'une communauté minoritaire ne peut pas représenter le peuple.

Pourquoi en est-il ainsi dans les pays occidentaux ? Parce que l'identification des régions et des minorités à un *ubuntu* national est acquise depuis plus d'un siècle. Les sociétés chrétiennes pensent que les individus sont tous dotés d'une âme égale à toutes les autres, et que, même si nous appartenons tous par la naissance à des *ubuntus* restreints (régionaux, religieux, linguistiques, …), il est de notre devoir et de notre intérêt bien conçu de construire ensemble une société englobante aussi efficace que possible, et pas seulement de consolider les *ubuntus* locaux où nous sommes nés par hasard[74]. L'identification à un *ubuntu* englobant se fait par un affaiblissement de l'*ubuntu* local, dont le moteur est le *cogito*, c'est-à-dire notre propension à valoriser avant tout l'individu.

---

[73] En référence à l'expression anglaise « lunatic fringe », la marge délirante, où se situent les tenants de doctrines folles et irréalistes.
[74] La chanson de Maxime Le Forestier, « Né quelque part », exprime bien ce désir d'une relation harmonieuse entre le *cogito* et l'*ubuntu* ; c'est le signe qu'il est profondément installé dans la culture populaire, et donc potentiellement actif.

Le communautarisme et le multiculturalisme ne sont que ruine de l'âme

Les sentiments racistes et antiracistes se nourrissent tous deux de la contradiction entre *cogito* et *ubuntu*. Pour les racistes, l'Autre est sommé de se retirer de notre *ubuntu* à nous et de réintégrer le sien. Pour les antiracistes, c'est l'inverse : le rejet de l'Autre en-dehors de notre *ubuntu* est condamné au nom de notre humanité commune. Mais si l'antiracisme est un sentiment généreux et positif, il n'en va pas de même de sa théorisation en communautarisme et en multiculturalisme, qui sont des idéologies d'autant plus dangereuses qu'elles se présentent sous des aspects fort positifs et que ceux qui les défendent le font en toute sincérité en croyant œuvrer pour le Bien. Elles sont malheureusement très vivaces, en particulier chez les Anglo-saxons, et elles trouvent un écho favorable dans la plupart des cultures parce qu'elles vont dans le sens des *ubuntus* locaux, ce qui ne demande pas d'efforts. Voici un texte écrit en 2005 et intitulé « Quel multiculturalisme pour quelle société ? »[75].

« A mon sens, le multiculturalisme, même s'il se considère comme éclairé et généreux, recèle potentiellement de graves dangers, et cela d'autant plus qu'il est défendu avec passion et en toute bonne foi. Certaines versions véhiculent en effet, qu'on le veuille ou non, une vision tribale de la société, qui entre étrangement en résonance avec le populisme qui séduit une part croissante de l'électorat européen. De là à conclure que le multiculturalisme ne serait que le racisme des classes intellectuelles progressistes, il y a un pas que je ne franchirai pas. Les ressemblances sont troublantes cependant. Le raciste dit à l'Autre :

---

[75] Frath Pierre, 2005, « Quel multiculturalisme pour quelle société? », in *Les Langues Modernes, n° 4/2005*, 67-71.

« *Je te méprise et je te rejette pour tes différences* » ; le multiculturaliste lui dit : « *Je te respecte et t'accepte pour tes différences* ». Dans les deux cas, les différences sont constatées et considérées comme constitutives de l'être; et dans les deux cas l'étranger est instrumentalisé. Ce qui compte, à la fois pour le raciste et le multiculturaliste, c'est le regard que nous portons sur lui, et l'impact en retour de ce regard sur nous-mêmes. Le multiculturaliste s'enorgueillit de réagir avec humanité face à l'étranger. Il y trouve une sorte de rédemption, une affirmation de sa supériorité morale. Le raciste se définit négativement *contre* les autres ; il rejette le multiculturalisme en le réduisant à une posture.

Les objectifs du multiculturaliste sont charitables, et c'est ce qui le distingue fondamentalement du raciste. Il pense que reconnaître l'Autre dans son identité permettra à ce dernier de mieux vivre, de mieux réussir à l'école, de trouver un meilleur emploi, de mieux se développer intellectuellement, de mieux s'intégrer dans la société, etc. Et peut-être cela peut-il aider, c'est vrai, si cette reconnaissance est reconnaissance de la *personne*, et non de l'individu en tant que membre d'une communauté. Dans ce dernier cas, le multiculturaliste risque alors de défendre, au fond, une sorte d'apartheid *soft*, qui veut que l'épanouissement au sein de la société passe *d'abord* par un épanouissement communautaire. L'acceptation dans la communauté intégrante se fait alors dans un second temps, une fois reconnue l'appartenance à une communauté à intégrer. Avant d'accepter l'étranger, on insiste donc bien sur sa nature d'étranger. C'est certainement prendre une bonne option sur un échec annoncé. En outre, on enferme ainsi l'étranger dans une communauté sans se demander s'il souhaite se définir par rapport à elle. Pourtant, il est probable que bon nombre d'immigrés, et notamment les femmes, ne rêvent que d'une seule chose : se libérer de la tradition.

Chacun semble vouloir revendiquer, pour lui et pour des autres, des identités diverses et variées : religieuses, ethniques, régionales, sexuelles, linguistiques, dans une combinatoire infernale. Or l'identité, c'est la fin de l'humanisme. Un identitaire ne se définit pas en tant qu'individu, en tant que citoyen libre et responsable. Il se définit en tant que membre d'une ou plusieurs communautés. Sa responsabilité est ainsi limitée ; on peut toujours mettre l'un ou l'autre de ses manquements sur le compte de sa propre communauté (« *nous, les X, nous sommes comme cela* ») ou sur une autre, tenue pour responsable historiquement de telle ou telle atrocité et qui donc justifierait telle ou telle attitude présente. L'identitaire, en plus d'être grégaire et irresponsable, est une victime par nature, même s'il fait partie de la communauté intégrante. En somme, je ne suis plus un citoyen, je suis le total de mes déterminismes communautaires.

Le multiculturalisme est dans l'air du temps. Il semble aller dans le sens de l'histoire, et qui sommes-nous pour nous opposer à l'ordre des choses ? Pourtant, toutes ces belles pensées généreuses risquent fort d'être contre-productives, l'enfer étant pavé de bonnes intentions, comme chacun sait. Une fois les communautés créées dans les esprits, il sera impossible de dire comment elles vont réagir les unes envers les autres. Leurs réactions risqueront alors fort d'être conditionnées par l'aléatoire de l'actualité et les manipulations politiques. Également, et peut-être de manière plus déterminante, les mots *aimer* et *respecter* sont simplement l'autre face de *détester* et *mépriser*. Il existe de nombreux couples lexicaux de ce type : *haut* et *bas, chaud* et *froid, intérieur* et *extérieur, amour* et *haine, respect* et *mépris* qui fonctionnent par antinomie et tirent leur sens de leurs existences réciproques. Ces mots structurent notre pensée, et c'est ainsi que le basculement de l'un à l'autre est quasiment inscrit dans les signes que nous utilisons.

De tout cela, il faudrait en être conscient au moment où on propose, le cœur sur la main, l'enterrement de la tradition laïque et universaliste que l'histoire de ce pays nous a léguée. Il est de bon ton de décrier le modèle français, particulièrement chez les anglophones, qui ont regardé avec jubilation ses récents déboires lors des émeutes dans les banlieues[76]. En quoi ils ont d'ailleurs fait

---

[76] En 2005.

preuve de myopie, car il n'y a guère eu de revendications identitaires « étrangères », ni même religieuses. Le moteur de la révolte était bel et bien le dépit de ne pas pouvoir s'intégrer à la République aussi vite ni aussi bien que les générations précédentes. Paradoxalement, on peut considérer que ces émeutes sont encourageantes pour le modèle français. On ne lui reproche pas d'exister ; au contraire, on lui reproche de ne pas exister avec suffisamment de force. Également, on a eu le sentiment qu'il était attaqué et mis en danger par la négligence d'un gouvernement particulièrement brutal sur le front social, ainsi que par l'arrivisme politique de M. Sarkozy, qui estime légitime de courtiser le vote des éléments les plus réactionnaires de la société[77].

Même s'il connaît des difficultés, le modèle républicain doit être préservé, et même développé *urbi et orbi*, car son grand avantage est que lui seul est porteur d'espoir. Le communautarisme mène inévitablement au repli sur soi et à la xénophobie, et ce, malgré les éventuels bons sentiments des uns ou des autres. L'incapacité des Américains à intégrer les Noirs, la marginalisation des Indiens, les difficultés des Latinos, tout cela devrait nous faire réfléchir aux dangers du modèle communautariste. Aucun des nouveaux pays de l'UE, auxquels on a imposé des politiques communautaristes comme conditions de l'adhésion, n'a réglé ses problèmes de minorités, et ils constituent une poudrière à moyen terme. La constitution irakienne, très communautariste, risque fort d'aggraver les crises ethniques au Moyen-Orient. Ce pays risque de suivre le triste exemple du Liban[78], dont le système de gouvernement, d'ailleurs mis en place sous l'égide de la France en 1943, fut fondé sur le strict respect des communautés, avec les résultats que l'on sait.

Que faire alors ? Il n'y a pas de réponse simple, naturellement, car les situations sont diverses et complexes. Il y en gros deux cas. Dans le premier, l'identité concerne des minorités réparties sur

---

[77] M. Sarkozy était ministre de l'Intérieur à l'époque.
[78] Mon texte était prémonitoire…

l'ensemble d'un territoire, par exemple les juifs, les protestants, les musulmans, les noirs, les immigrés de diverses nationalités, etc. Dans cette catégorie, on peut aussi placer les groupes identitaires tels que les homosexuels, les handicapés, les malades, les vieux, les femmes, les jeunes, etc. Notons en passant que, si toutes ces caractéristiques sont des critères pour constituer des identités à intégrer, la communauté englobante est alors singulièrement réduite. Je constate d'ailleurs en écrivant ces lignes, qu'étant né protestant, je n'en fais pas partie, ce qui est tout de même un choc. Je pourrais enlever les protestants de la liste, mais sur quelle base ? Et d'ailleurs pourquoi le ferais-je si tous les autres se définissent par des critères d'appartenance ? On le voit bien, la revendication identitaire engendre le morcellement.

Le second cas concerne les situations où les minorités sont en fait des majorités locales. Identité et citoyenneté ne font alors pas bon ménage lorsque l'identité est forte et qu'elle porte sur une entité géographique plus restreinte que celle sur laquelle porte la citoyenneté. Par exemple, la revendication identitaire catalane risque fort d'entrer en conflit, à plus ou moins long terme, avec la citoyenneté espagnole[79]. Même chose avec les identités flamande et wallonne par rapport à la citoyenneté belge. La Belgique court le risque de subir le sort de la Tchécoslovaquie, par abandon de la citoyenneté englobante (belge) au profit de citoyennetés qui coïncideront avec les identités (flamande et wallonne). Et puisque le pli sera pris, qu'est-ce qui empêchera telles parties des communautés wallonne ou flamande de revendiquer de nouvelles identités, et donc de nouvelles citoyennetés ?

[...]

Les spécificités linguistiques et culturelles des uns et des autres doivent être admises, c'est vrai, et en cela je suis d'accord avec les multiculturalistes, et notamment dans une optique pratique, par exemple pour déterminer un meilleur cursus scolaire en fonction

---

[79] Là aussi, mon texte était prémonitoire, au vu des évènements d'octobre 2017, avec la déclaration d'indépendance de la Catalogne et les troubles qui ont suivi.

des langues parlées par les enfants. Il vaut mieux mettre l'accent sur les ressemblances, qui fondent notre humanité commune et permettent la tolérance mutuelle, et ne considérer qu'*ensuite* les éventuelles différences, sans les nier, mais sans les graver dans le marbre de nos préjugés (contre lesquels, d'ailleurs, les bons sentiments ne constituent pas un vaccin). C'est de la corde raide, reconnaissons-le, mais c'est notre seul espoir de vivre dans un monde pacifique, débarrassé de ces absurdes guerres identitaires dont l'histoire récente nous donne d'innombrables exemples ».

Laïcité

Pour le multiculturalisme et le communautarisme, il s'agit donc de confiner l'Autre à sa propre communauté, quitte à faire assaut de bons sentiments et lui donner des droits particuliers. Le problème est que l'identification des Autres à un *ubuntu* restreint tombe toujours un terreau favorable : le rejet de l'Autre est une donnée anthropologique plus immédiate que sa reconnaissance au-delà des différences. Pour parvenir à la conscience de l'égalité des âmes, il faut exposer les citoyens à un corpus de connaissances qui la met en avant et la présente comme naturelle ; le rôle d'une éducation bien conçue est ainsi primordial. En Europe, c'est le christianisme qui a implanté dans les esprits la notion d'égalité devant Dieu ; l'humanisme, l'universalisme et la laïcité ont pris le relai, surtout dans notre pays où la philosophie des Lumières a eu un impact considérable sur la pensée politique.

La notion de laïcité à la française n'est pas bien comprise à l'étranger. Le mot *laïc* vient du grec *laos*, qui signifie « peuple ». Le laïc était ainsi le commun, l'homme du peuple, le non-clerc, puis par la suite le non-militaire et le non-ecclésiastique. L'opposition au religieux est ainsi une restriction par rapport à un sens plus large. En anglais, *laïcité* se traduit par « secularism », ce qui est séculier, par opposition à ce qui n'est pas dans le siècle, c'est-à-dire l'église, éternelle et hors du temps. Même chose en allemand, où on dit *weltlich*, « du monde », opposé à *geistlich*, « de l'esprit », ou *profan*, « profane ». Dans ces deux langues, la notion de laïcité est comprise comme une opposition au religieux, ce qui passe mal dans des pays où la religion est mieux installée qu'en France. Le phénomène est aggravé par l'existence dans ces deux langues de mots issus du *laos* grec, *layman* et *Laie,* qui dénomment le non-spécialiste, l'homme de la rue, comme dans l'usage originel de *laïc*, ce qui les isole des usages religieux d'opposition à l'église portés par *secular* et *weltlich*.

En Europe, les *ubuntus* nationaux ont été forgés de diverses façons en fonction des situations locales. Tous les grands pays qui se sont constitués en nations l'ont fait en fabriquant souvent de toutes pièces une appartenance commune largement mythique, et ce par l'invention d'une tradition. C'est ainsi qu'en France, la République a réussi à créer un sentiment d'appartenance qui a réuni sous ses couleurs des peuples aussi variés et sans histoire commune que les Alsaciens, les Bretons, les Basques, les Occitans, etc. Ce phénomène a été très bien décrit par l'historien britannique Eric Hobsbawm, dans le remarquable ouvrage collectif de 1983 qu'il a coordonné avec Terence Ranger, *The invention of tradition*[80], et qui montre les différentes façons dont les traditions nationales ont été créées au XIXᵉ siècle en Europe. Il est de bon ton de se gausser de l'enseignement de l'histoire de France par « les hussards noirs de la République »[81], qui

---

[80] Hobsbawm Eric & Ranger Terence (eds.), 1983, *The Invention of Tradition*. Canto, Cambridge.

[81] C'est ainsi qu'on a surnommé les instituteurs laïcs des débuts de la

ont enseigné à des générations d'enfants que les Gaulois étaient nos ancêtres ; il n'en demeure pas moins que c'est cet enseignement républicain qui a fortement contribué à forger un sentiment national.

Pour qu'en Irak un chiite décide de voter pour un sunnite, et inversement, et pour que les deux communautés acceptent leurs concitoyens appartenant à d'autres ethnies ou d'autres religions que l'islam, il aurait fallu créer un *ubuntu* transcommunautaire englobant qui implique l'égalité des âmes, c'est-à-dire inventer une tradition nationale, la graver dans le marbre de la loi et la diffuser dans les écoles, la presse, les discours politiques, car c'est par les corpus d'usage que les connaissances se transmettent. Or les pays musulmans ont tous mis l'islam au cœur de leurs constitutions et de leurs institutions, excluant de fait les non musulmans.

Pour qu'un *ubuntu* national englobant puisse émerger en Irak, il faudrait une longue période de paix et de stabilité, une constitution laïque, une école publique obligatoire, la même pour tous, qui limite la transmission des *ubuntus* communautaires et qui habitue les enfants à se fréquenter par-delà les religions. Un enseignement fondé sur le *cogito* pourrait amener les Irakiens à considérer les êtres humains comme tous dotés d'une même humanité, quelles que soient leur ethnie et leur religion. Des mariages mixtes en résulteraient, ce qui installerait l'Autre au cœur des familles. Après deux ou trois générations, le peuple serait « mûr » pour la démocratie... En attendant il faudrait une sorte de despote éclairé qui puisse assurer la transition, mais on sait que les despotes sont rarement éclairés, surtout s'ils sont mis en place par une communauté donnée. L'avenir de l'Irak est ainsi assez sombre, sauf si des gouvernements laïques se mettaient

---

Troisième République.

finalement en place. Mais les chances sont faibles : les Américains, qui seraient les seuls en mesure de les imposer, ne comprennent pas la notion de laïcité[82].

---

[82] En outre, la présidence Trump a ruiné l'autorité morale des Etats-Unis, et les Américains ne sont plus en mesure d'imposer ce type de mesure même s'ils le voulaient.

CHAPITRE 8

Pour un islam moderne

Interprétation décontextualisée du Coran

Aucun progrès ne pourra se faire en terre d'islam tant que les théologiens musulmans continueront de promouvoir majoritairement un islam décontextualisé. Le Coran est considéré comme le recueil fidèle et parfait de la parole divine. Il est donc intemporel ; sa valeur est universelle et indépendante des contextes historiques, politiques et sociaux. Ses enseignements doivent être appliqués littéralement si on veut respecter la voie de Dieu. La question de l'interprétation humaine du texte sacré n'est généralement pas prise en compte par les musulmans. « C'est écrit dans le Coran, disent-ils, il n'y a qu'à se conformer et obéir ». D'ailleurs *Islam* veut dire « soumission à Dieu », et le mot *musulman*, construit sur la même racine consonantique *s-l-m* que le mot *islam*, signifie « celui qui se soumet ». Les doutes sont vus avec suspicion comme le signe d'une foi vacillante, un premier pas vers l'apostasie. Je me souviens avoir essayé de clarifier avec mes élèves djiboutiens[83] la différence entre une vérité scientifique,

---

[83] J'ai enseigné le français et l'anglais dans un lycée professionnel à

basée sur un protocole qui garantit une certitude au moins provisoire tant que les données ne la contredisent pas, et la foi, qui implique un doute surmonté. Une vérité scientifique est simplement acceptée ; la foi nécessite un engagement personnel parfois difficile. Peine perdue : l'existence de Dieu est plus certaine pour eux que celle de la gravité, et si un doute apparaît, c'est la preuve qu'on n'est pas entièrement soumis à Dieu, et donc pas un vrai musulman. S'entretenir de théologie avec un musulman pratiquant est souvent une expérience pénible et frustrante dès qu'on quitte le domaine des généralités bien-pensantes sur les hommes tous égaux devant Dieu, la tolérance, la paix, l'amour du prochain, etc.

Il y a là un vrai problème lié non à l'Occident, mais à la théologie islamique elle-même. Les notions de laïcité et d'universalisme ne sont évidemment pas comprises dans les pays musulmans parce que la seule communauté qui compte est celle de la Oumma, la communauté des croyants, même si elle se déchire entre factions rivales. Les religions issues de la Bible sont tolérées : le Coran s'adresse souvent aux « gens du Livre », c'est-à-dire aux juifs et aux chrétiens, notamment pour les exhorter à reconnaître Mahomet comme prophète. Les autres peuples sont à peine considérés comme humains. J'avais étudié avec mes élèves djiboutiens un texte qui décrivait la vie dans une ville en Inde. Leur intérêt s'est évanoui lorsqu'ils ont compris que les Indiens hindouistes ne sont ni musulmans, ni chrétiens, ni juifs, et que ce sont donc des « païens ».

Les musulmans sont éduqués dans la croyance que le texte sacré se livre directement, sans interprétation et hors contexte.

Djibouti entre 1982 et 1986. Dans la suite du texte, je ferai référence plusieurs fois à cette expérience particulièrement enrichissante.

Mais on peut montrer facilement que c'est faux. Voici deux versets de la sourate 4 (*Les femmes*)[84] :

> « Quant à ceux qui ont cru et qui ont accompli de **bonnes actions**, ils seront admis dans les jardins où couleront des fleuves, ils y demeureront éternellement, en guise de promesse tenue d'Allah. Et qui plus qu'Allah, est véritablement en Sa parole (4/122) ».

> « Celui qui tue **volontairement** un croyant, sa punition sera la géhenne où il demeurera éternellement. Allah sera très irrité contre lui et le maudira. C'est pourquoi Il lui préparera un châtiment cruel (4/93) ».

Le message de ces deux versets de la même sourate est clair : le paradis est promis aux croyants qui ont fait de bonnes actions et l'enfer à ceux qui ont tué volontairement un autre musulman. En massacrant des gens au hasard dans un pays comme la France dont la population musulmane est proche des dix pour cent, les terroristes doivent admettre la possibilité statistique de tuer des musulmans ; c'est une certitude lorsqu'on fait exploser des bombes dans un pays comme la Turquie. Comment les terroristes peuvent-ils croire qu'ils iront au paradis en tuant des musulmans sans une interprétation de ce que signifie « bonne action », « être musulman », ou encore « volontairement » ?

Pour ce qui est de la contextualisation, examinons le verset 89 de la même sourate. A propos des nouveaux convertis, il est dit :

> « … Ne prenez parmi eux comme compagnons que ceux qui se sont déjà mis en route vers le Seigneur. S'ils font marche arrière, saisissez-vous d'eux où qu'ils soient et tuez-les. Ne prenez parmi eux ni protecteur ni aide ».

---

[84] Sauf indication contraire, nous utilisons la traduction de Malek Chebel, Le livre de Poche, Fayard, 2009.

Il s'agissait d'une époque guerrière au cours de laquelle l'islam s'est étendu par les armes. Le verset reconnaît implicitement que certains vaincus ou certains alliés ne se sont convertis que par crainte pour leur vie ou pour des motifs politiques. Leur foi est donc peu assurée et le verset vise à renforcer leur fidélité par la menace. Se servir de ce verset à l'époque actuelle pour effrayer et éventuellement punir ceux qu'on accuse d'apostasie, c'est en faire un usage qui va à l'encontre du contexte actuel qui valorise la liberté de pensée individuelle. Le fait est que les musulmans athées, et il y en a beaucoup, clament rarement leur abandon de la foi sur les toits en raison des menaces réelles contre les apostats, ou prétendus tels, comme Salman Rushdie, obligé de vivre depuis 1989 sous l'épée de Damoclès de la fatwa lancée contre lui par l'ayatollah Khomeini.

Donnons maintenant un exemple de contextualisation réussie par le judaïsme. Le verset « Tu ne feras pas cuire le chevreau dans le lait de sa mère » apparaît deux fois dans l'*Exode* (23/19 et 34/26) et une fois dans le *Deutéronome* (14/21), à chaque fois sans commentaires, au milieu de listes interminables et très détaillées de sacrifices et d'holocaustes à faire chaque fois que l'on a été « impur », par exemple après avoir touché un mort, ou pour les femmes après leurs règles. Je fis remarquer à un ami juif très pieux que toutes ces innombrables obligations sacrificielles sont totalement tombées en désuétude, alors que l'unique verset sur le chevreau a pris une importance considérable dans la Cacherout, le code alimentaire prescrit aux juifs, au point qu'il impose aux familles de très lourdes contraintes : ne pas mélanger les laitages et la viande au cours du même repas, l'obligation d'avoir deux séries de couverts, d'assiettes, de plats, de casseroles, de nappes, etc., l'une réservée aux repas avec laitages, l'autre à ceux où l'on consomme de la viande, à ne mélanger sous aucun prétexte. On aurait pu faire une interprétation minimaliste du verset, à savoir que seule l'espèce caprine est concernée, et que c'est seulement dans le lait de leur mère à eux que les chevreaux ne peuvent pas être cuits ; mais on a préféré construire tout un rituel à partir d'un seul verset, en abandonnant des centaines d'autres.

Mon ami réfléchit un peu et me dit qu'au fond, ce qui compte c'est la question de la pureté, centrale dans le judaïsme. Comme il reste sans doute très peu de juifs qui vivent une vie d'éleveurs nomades, les sacrifices sont devenus impossibles, ou en tout cas ingérables dans les villes modernes, et ce sont les rites alimentaires qui ont pris le relai pour ce qui concerne le « pur » et l'« impur ».

Sans le développement par les musulmans d'un corpus contextualisé sur le Coran, il ne faudra pas s'attendre à une évolution significative des mentalités, qui, communautarisme aidant, risquent de se figer sur des positions qui amèneront les musulmans à se replier sur leur propre *ubuntu* dans un dangereux face à face avec les sociétés occidentales. On verra plus loin qu'une lecture du Coran contextualisée, très précise et très proche du texte, pourrait permettre de résoudre très facilement la question du voile islamique et de l'habillement des musulmanes.

Les attentats de Paris en 2015

Les guerres du Moyen-Orient ont des causes multiples : la politique coloniale de la Grande-Bretagne, le rejet d'Israël par les pays arabes, la politique d'Israël, les ambitions et les conflits autour du pétrole, le sentiment de déchéance des Arabes de la région et leur impuissance à mettre en place des gouvernements de qualité, la politique des grandes puissances, la guerre du Golfe, la guerre en Irak, l'hostilité entre les chiites et les sunnites, les mouvements terroristes comme Al-Qaeda et l'État Islamique, la pauvreté des populations et leur aliénation culturelle, et bien d'autres.

On peut certes expliquer les attentats de Paris en 2015 comme produits par certaines de ces causes, mais de telles macro-explications ne rendent pas compte du mystère de l'acte lui-même, commis par des jeunes gens éduqués en France et en Belgique, donc issus de nos propres communautés. L'un des trois terroristes qui ont assassiné 90 personnes le 13 novembre 2015 au Bataclan s'appelle Foued Mohamed-Aggag[85]. Il est né en 1992, à Wissembourg, une petite ville du nord de l'Alsace assez cossue, pas connue pour des relations difficiles entre les communautés. D'ailleurs Foued a fait une scolarité normale au collège et au lycée de la ville, sans se faire particulièrement remarquer. C'était un garçon calme et discret, d'un père d'origine algérienne et d'une mère d'origine marocaine. Le couple a divorcé en 2007, mais Foued a gardé de bonnes relations avec sa mère. En 2010, il a tenté de s'engager dans l'armée de terre et dans la police, mais ses candidatures ont été rejetées. Foued en a gardé un certain ressentiment. Il commence à lire le Coran et suit les rites de la religion de manière plus assidue, fréquentant notamment les lieux de prière de Wissembourg, dont il se serait fait éconduire, selon certains témoins, car il montrait clairement qu'il considérait les fidèles comme « pas assez pratiquants pour lui ». Puis en 2013, il intègre un petit groupe de jeunes issus de l'immigration, qui se radicalise sous l'influence d'un imam palestinien à Strasbourg. Il finit par se

---

[85] Les informations qui suivent ont été relevées dans le numéro des *Dernières Nouvelles d'Alsace* du 19 décembre 2015, dans un article écrit par A. Bonin, F. Haby, G. Jolain et V. Kohler, pages 20 et 21.

rendre en Syrie en 2013 avec une partie du groupe pour « faire de l'humanitaire » et « aider leurs frères musulmans victimes des exactions de Bachar-al-Assad ». Il rejoint les rangs de l'État islamique, où on le forme aux armes en vue de la réalisation d'attentats-suicides. On dit qu'il se serait bien acclimaté à sa nouvelle vie. Il était devenu père pour la première fois. « Il s'était répandu sur les réseaux sociaux en postant des photos de lui tout sourire ». Il serait devenu « une petite célébrité du djihad ». Ensuite, ce fut le retour en France et l'assassinat de 90 personnes au Bataclan avec deux complices.

Dans un article publié dans *Charlie-Hebdo*[86], le journaliste[87] s'étonne de la propension des « djihadistes » à se mettre personnellement en valeur et à se glorifier sur les réseaux sociaux à l'aide de *selfies*, de vidéos, de commentaires, alors qu'autrefois, les terroristes étaient plutôt discrets. Coulibaly, le tueur de l'*Hyper Cacher* en janvier 2015 a appelé une télévision (BFMTV) pour être sûr que son geste serait médiatisé. Hasna Aït Boulahcen, la cousine d'un des terroristes, décédée dans l'appartement de Saint-Denis où les terroristes survivants s'étaient réfugiés avant d'y être cernés par la police, « laisse derrière elle une improbable biographie. Les photos d'elle coiffée d'un chapeau de cow-boy succèdent à celles où elle porte le voile. Comme si le djihad était la poursuite de la célébrité par d'autres moyens. [...] Une amie d'Hasna Aït Boulahcen témoigne : cette femme, dit-elle, rêvait de faire la une de *Closer*,[88] d'avoir sa photo au milieu des stars et des VIPs ».

---

[86] *Charlie-Hebdo* n°1219 du 2 décembre 2015, page 20.
[87] Guillaume Erner.
[88] Un magazine à scandale très « people ».

Ce narcissisme et ce désir de devenir des « people » constituent sans doute une partie de la motivation des terroristes. Les jeunes de l'immigration maghrébine sont dans l'ensemble issus de familles peu éduquées, la plupart du temps illettrées, en arabe comme en français, poussées hors de leurs pays par la pauvreté, à la recherche d'une vie meilleure pour eux-mêmes et pour leurs enfants, en particulier pour ce qui est de l'accès aux soins médicaux et à l'éducation. Les enfants vivent ainsi dans des familles situées en bas de l'échelle sociale, où c'est la tradition qui tient lieu de culture, mais ils sont éduqués dans les écoles de la République fondées sur le *cogito*, c'est-à-dire sur la prépondérance et la valorisation de soi.

Jusqu'à il y a quelques décennies, la valorisation sociale dans les médias était une récompense rarissime pour quelque qualité ou activité personnelle ayant permis des actions exceptionnelles : remporter une compétition sportive, écrire des livres, chanter, faire des films, faire de la politique, etc. Aujourd'hui, la plupart des émissions de téléréalité ne demandent aucun talent particulier aux participants. Beaucoup de jeunes entretiennent alors le fantasme d'une gloire personnelle facile dans la lumière des média. Ils développent une sorte d'hypertrophie pathologique du moi qui ne repose sur aucun « exploit » personnel et qui se répand volontiers sur les réseaux sociaux, où une gloire factice peut être obtenue assez facilement.

Mais si le *cogito* qui domine notre société engendre un individualisme exacerbé, il produit aussi, en raison de l'égalité des âmes sur lequel il se fonde, des sentiments de charité universelle. D'où la grande estime dans laquelle sont tenues des associations humanitaires telles que *Médecins sans frontière* ou *Handicap international*. Et c'est bien cet aspect du *cogito* que les recruteurs islamistes ont mis en avant bien qu'il soit étranger à leur propre culture : une des motivations de Foued était d'aller « faire de l'humanitaire » en Syrie.

La plupart des immigrés de seconde ou troisième génération suivent des scolarités normales, trouvent des emplois, et s'intègrent à la société englobante dont ils adoptent les valeurs. D'autres ont plus de mal, le plus souvent parce qu'ils ont été en échec scolaire. Certains deviennent alors des délinquants. Dans le cas de Foued, c'est sans doute sa scolarité trop moyenne qui a été la cause du rejet de ses candidatures à l'armée et à la police. L'intégration à l'*ubuntu* englobant a ainsi été un échec. L'*ubuntu* familial n'est pas un modèle parce que la culture des paysans illettrés du Maghreb fait pâle figure, dans l'esprit des jeunes, à côté de la culture française acquise à l'école, et elle est ainsi dévalorisée. Et effectivement, pour ce qui est la pièce essentielle de l'identité des musulmans, l'islam, Foued a regretté la tiédeur des fidèles issus de la tradition. Si l'*ubuntu* restreint n'est pas souhaité et si l'*ubuntu* englobant n'est pas accueillant, il ne reste plus que le recours à un *ubuntu* fantasmé, celui de la Oumma, que les théologiens musulmans, notamment salafistes, promeuvent à l'aide d'un discours simpliste et étriqué et de signes vestimentaires distinctifs : port du voile pour les femmes, de la barbe et du pantalon court pour les hommes.

Que faire ?

Une vie normale devient difficile à imaginer pour ces jeunes gens perdus dans un désert déprimant entre l'*ubuntu* englobant qui les rejette et leur propre refus de la tradition ; la mort apparaît alors comme une issue acceptable pour peu qu'elle semble capable de remplir ce vide. C'est dans ce néant existentiel que s'engouffrent les prédicateurs extrémistes.

Que peut-on faire pour empêcher nos jeunes concitoyens musulmans de se lancer dans ces quêtes suicidaires et meurtrières ? On peut agir sur différents fronts, à la fois sur la population musulmane et sur la population englobante. Concernant la population musulmane, il faut tout d'abord mettre un terme à l'endoctrinement par des imams qui propagent un islam décontextualisé, simpliste et sectaire, ce qui signifie aussi la censure des sites de propagande islamiste. S'il s'agit de religieux étrangers, il suffit de les expulser du territoire. S'il s'agit d'imams français, il faut lier le droit d'enseigner le catéchisme à une formation à un islam humaniste, qui existe déjà mais qui est minoritaire

Le principe de base des relations entre les immigrés et la population de souche doit être le respect mutuel. Il faut par exemple accepter que ce n'est pas à l'*ubuntu* englobant de s'adapter à la multitude des *ubuntus* immigrés, mais bien aux nouveaux venus de s'adapter au pays où ils ont choisi de s'installer. On raconte le cas d'un conseil municipal dans une grande ville de Grande-Bretagne qui débattait de la pertinence des décorations lumineuses de Noël : celles qui portent l'expression « Merry Christmas » n'allaient-elles pas offenser les communautés non chrétiennes ? Le débat trouva sa solution lorsqu'un des membres du Conseil, d'origine pakistanaise, rappela que les immigrants sont venus s'installer dans un pays de tradition chrétienne en toute connaissance de cause : si ça ne les a pas choqués à l'époque, il n'y a pas de raison qu'ils le soient maintenant.

Les musulmans ne sont pas tous aussi tolérants et ouverts que ce conseiller municipal pakistanais. De plus en plus souvent, ils font état d'exigences communautaires difficiles à gérer, concernant par exemple la nourriture ou le rapport entre les hommes et les femmes, qui risquent à terme d'entrer en conflit avec l'*ubuntu* englobant. Faut-il inciter les cantines scolaires à n'offrir que de la viande hallal, sachant qu'une partie de la population s'interroge sur les méthodes d'abattage des bêtes ? Faut-il accepter qu'une musulmane ne puisse se faire examiner par un gynécologue masculin, sachant que l'égalité des hommes et des femmes est une valeur fondamentale dans notre *ubuntu*, même si elle n'est pas entièrement effective ? Tout cela ne peut que mener à un communautarisme d'autant plus dangereux qu'il est étranger à la tradition politique française, et donc peu compris et accepté. Il serait peut-être bon de rappeler aux musulmans que s'ils ne sont pas prêts à se conformer aux lois de la République et à accepter les usages de la population d'accueil, ils sont libres de partir vivre dans des pays musulmans.

La population locale, de son côté, a le devoir d'accueillir les nouveaux venus avec humanité. Il faut les faire bénéficier des lois en vigueur tout en les laissant libres de suivre leurs coutumes tant qu'elles n'entrent pas en contradiction avec les lois du pays d'accueil. Donc par exemple, pas de polygamie, pas de mutilations génitales infligées aux filles, pas de contraintes dans le choix du conjoint, pas d'exigences concernant le genre des gynécologues, etc. En revanche, pour tout le reste, et notamment pour ce qui est du culte, la liberté doit être totale, y compris en ce qui concerne le port de signes religieux vestimentaires distinctifs, sauf si c'est contraire à la loi. La construction de mosquées doit être encouragée dans le cadre du développement d'un islam non sectaire.

L'accueil linguistique des immigrants doit être développé, en particulier en ce qui concerne les enfants, qui doivent naturellement s'adapter au système scolaire existant s'ils veulent avoir une chance de s'intégrer. Donc pas d'écoles purement communautaires. En revanche, ils doivent aussi avoir la possibilité d'étudier la langue et la culture de leur pays d'origine dans le cadre scolaire, ce qui fait défaut à l'heure actuelle. L'usage de leur langue dans le cadre familial doit être encouragé afin que les enfants puissent garder le contact avec leur parentèle restée au pays et accéder à la culture de leur langue d'origine. Il est dans l'intérêt bien compris du pays d'accueil d'avoir en son sein des ressortissants qui connaissent bien les pays de l'émigration, ne serait-ce que pour des raisons commerciales : il est sans doute plus facile et plus avantageux de faire du commerce dans les langues des autres pays plutôt qu'en français ou en anglais.

Tout cela doit s'accompagner d'un corpus de discours humaniste qui répète inlassablement les devoirs d'accueil et de respect mutuel.

La question du voile

Examinons maintenant la question du voile islamique, du hijab, du niqab, de la burqa, et même du modeste fichu avec lequel de jeunes musulmanes se couvrent les cheveux. J'ai vécu au Maroc dans les années soixante-dix. A cette époque, les femmes berbères, c'est-à-dire la moitié de la population féminine, ne portaient pas de vêtements cachant le visage, tout comme, parmi les Arabes, les fillettes, les jeunes filles, et les femmes de la bourgeoisie. Et qu'elles fussent habillées de vêtements occidentaux ou traditionnels, elles prenaient grand soin de mettre en valeur leur féminité. Seule une partie des femmes d'origine populaire portaient d'amples djellabas avec capuchon et éventuellement une pièce de tissu triangulaire nouée derrière la tête cachant le nez et la bouche. J'ai vu récemment un documentaire sur le Maroc, pas consacré à l'habillement féminin, mais qui montrait des gens dans la rue et chez eux, dans les villes, donc en pays plutôt arabe, et dans les montagnes, donc en pays plutôt berbère. J'ai constaté que l'habit traditionnel, très élégant et très riche en couleur, avait cédé la place à la robe ample, terne et informe qu'on voit portée par les musulmanes dans nos pays, ainsi qu'à un voile qui couvre les cheveux mais laisse voir le visage. Un grand nombre de femmes portent cependant les mêmes vêtements que ceux qu'ont voit dans les pays occidentaux.

Les tenues islamiques modernes n'ont ainsi rien à voir avec la tradition de pays d'origine tels que le Maroc. Ce qui s'est imposé chez nombre de musulmanes, ici et dans le monde musulman en général, c'est une allégeance à un *ubuntu* prétendument authentiquement « islamique », celui d'une Oumma fantasmatique tournée vers un passé idéalisé et qui n'existe nulle part dans le monde musulman actuel, pas même en Arabie Saoudite, que les islamistes ne prennent d'ailleurs pas comme modèle. On verra plus loin pourquoi les islamistes ont choisi la question de la femme comme fer de lance de leur combat.

En attendant, que dit le Coran à propos de l'habillement féminin ? Il sera procédé ici à une analyse linguistique très fidèle au texte, sans *a priori*, et qui réservera sans doute quelques surprises au lecteur.

Seuls quelques versets du Coran sont consacrés à la question des vêtements féminins, signe sans doute qu'il ne s'agissait pas d'une question majeure à l'époque de son écriture. Un de ces versets concerne uniquement les femmes du Prophète (33/53), un autre les femmes du Prophète et par extension toutes les croyantes (33/59), un troisième, les femmes ménopausées (24/60), et un dernier, le plus souvent cité, le verset 31 de la sourate 24, qui sera analysé en détail plus loin. Les théologiens citent aussi un commentaire d'Abû Dâwûd et d'Al-Bayhaqî, selon lesquels le Prophète aurait dit à propos de l'habillement des femmes : « A partir du moment où elle a ses règles, il ne convient plus que l'on voie de la femme autre chose que ceci (le Prophète désigna son visage et ses mains) ». Il s'agit de ce qu'on appelle un hadith mineur, c'est-à-dire un commentaire secondaire à propos de la foi musulmane.

La tenue islamique moderne est clairement inspirée de ce hadith mineur. Il faut noter, toutefois, qu'on voit souvent des fillettes la porter alors qu'elle ne concerne, d'après le texte, que les femmes nubiles.

Le verset 60 de la sourate 24 concerne les femmes ménopausées. Nous nous reportons à la traduction de Mathieu Guidère[89], spécialiste d'arabe médiéval, ainsi qu'à son commentaire :

> « Il n'y a pas de faute à reprocher aux femmes qui ne peuvent plus avoir d'enfants et qui ne peuvent plus se marier, d'ôter leurs pardessus (*thawbihinna*), à condition de ne pas se montrer dans tous leurs atours ; mais il est préférable pour elles de s'en abstenir... (60/24) ».

> « Le mot employé dans ce verset est *thiyâb*, pluriel *thawb*. Il est issu de la racine *th/y/b* qui signifie littéralement « retourner » et désigne tout tissu que l'on « retourne » pardessus le corps. Les explications du Prophète ainsi que la compréhension de l'époque pour ce mot (*thawb*) renvoient à tout tissu que l'on « rabat » sur le corps (Guidère 2013) ».

Mathieu Guidère ajoute :

> « Il n'est donné aucune précision quant à la nature du tissu, son coloris, son genre, sa coupe, ni la manière de le porter. C'est la pratique de l'époque qui indique seulement la manière dont il était porté, généralement « rabattu » comme un pardessus, afin de ne pas révéler les atours féminins aux personnes étrangères à

---

[89] Mathieu Guidère, 2013, *Le printemps islamiste : Démocratie et Charia*, Ellipses, pp. 207-209.

la famille. Mais il n'a jamais existé un « voile islamique » et aucune sanction temporelle n'est prévue dans le Coran pour le non respect du port du voile (Guidère 2013) ».

L'obligation de « porter le voile » ne concerne donc ni les fillettes, ni les femmes ménopausées. Examinons maintenant le verset 53 de la sourate 33 :

> « … Et si vous venez demander un ustensile aux femmes du Prophète, faites-le derrière une **cloison**, car cela est plus pur d'intention pour ce qui est de vos cœurs et des leurs. Car il est inutile de mettre dans l'embarras le Prophète, de l'offenser… (33/53) ».

Par respect pour le Prophète, le Coran demande aux croyants de se tenir derrière une « cloison » pour parler à ses femmes. Le mot arabe utilisé est *hijab*, qui signifiait « rideau », en particulier des rideaux de séparation des pièces dans les maisons, et la traduction de Malek Chebel est ainsi très proche du texte arabe. *Hijab* désignait plus généralement des pièces de tissus rectangulaires ou carrées, non cousues, avec lesquelles les hommes et les femmes s'habillaient habituellement à cette époque, pas seulement en Arabie, et qu'ils maintenaient sommairement autour du corps à l'aide de fibules. *Hijab* ne signifiait « voile » en aucun cas.

Quant au verset 59 de la sourate 33, nous reprenons la traduction de Mathieu Guidère et un autre extrait de son texte :

> « Ô Prophète ! Dis à tes épouses, à tes filles et aux femmes des croyants de se couvrir de leurs voiles (*jalâbibihinna*), c'est pour elles le meilleur moyen de se faire connaître et de ne pas être offensées… (33/59) ».

> « Le mot employé dans ce verset est *jilbâb*, pluriel *jalâbib*. Il est issu de la racine *j/l/b* qui signifie littéralement « tirer » et qui désigne en arabe tout tissu « tiré » pardessus le corps. Les explications du Prophète (dont le verset concerne « ses femmes »), ainsi que l'usage de l'époque pour ce mot (*jilbâb*),

renvoient à un « habit ample » porté pardessus, comme une *djellaba*, ce dernier mot étant issu de la même racine que le mot qui figure dans le Coran (*jilbâb / djellaba*) (Guidère 2013) ».

Les femmes sont donc invitées à suivre l'exemple des femmes du Prophète et à porter un vêtement ample, une sorte de djellaba donc, mais sans qu'on perçoive d'insistance particulière. Remarquons qu'il n'est fait aucune mention de quelque « voile » que ce soit pour cacher le visage.

D'où vient alors la tradition, dans certains pays, de cacher le visage des femmes sous des niqabs et des burkas ? Pour le comprendre, il faut examiner le verset 31 de la sourate 24. Voici les traductions de Malek Chebel et de Mathieu Guidère :

« Dis aux croyantes de baisser leurs regards, d'être chastes, de ne montrer de leurs atours que ce qui peut être vu, de rabattre leurs **voiles** sur leurs **poitrines**, de ne montrer leurs atours qu'à leurs époux ou à leurs pères, aux pères de leurs époux, à leurs fils, aux fils de leurs époux, à leurs frères, et aux fils de ces derniers, aux fils de leurs sœurs, à leurs suivantes, aux eunuques, ou aux garçons impubères (24/31, traduction de Malek Chebel) ».

« Dis aux croyantes de baisser leurs regards, d'être chastes, de ne montrer que l'extérieur de leurs atours, de rabattre leurs **couvertures** (*khumurihinna*) sur leurs **plis** (*juyûbihinna*), de ne montrer leurs atours qu'à leur époux... (24/31, traduction de Mathieu Guidère) ».

« Le mot employé dans ce verset est *khimâr*, pluriel *khumur*. Il est issu de la racine *kh/m/r* qui signifie littéralement « couvrir » et désigne toute « couverture » du corps. Les explications du Prophète ainsi que la compréhension de l'époque pour ce mot (*khimâr*) renvoient à tout ce qui peut « couvrir les sens », d'où le mot *khamr* qui désigne en arabe le vin et qui est issu de la même racine que le mot *khimâr*, « couverture » (Guidère 2013) ».

Mathieu Guidère ajoute à propos du mot *juyûbihinna*:
> « Nous faisons figurer ce mot en arabe dans le texte parce que
> son interprétation est polémique. En arabe moderne (littéral
> comme dialectal), le mot *jayb*, pluriel *juyûb*, désigne la
> « poche » de n'importe quel vêtement dans tous les pays arabes.
> Mais en arabe classique (selon les dictionnaires du IX-X^e
> siècle), le mot désigne à la fois le « pli », la « fente » ou
> l'« échancrure » dans n'importe quel objet ou corps (Guidère
> 2013) ».

Il s'agit donc de cacher les « fentes » du corps féminin, et pas
seulement la poitrine, comme il est dit dans les traductions
françaises. Or ce sens du mot *juyûb* n'est plus perçu par les
musulmans d'aujourd'hui, ainsi que nous avons pu nous en
rendre compte en interrogeant des croyants cultivés, pour qui
ce mot signifie effectivement « poche », et dans le contexte
coranique, « poitrine », parfois « sillon mammaire ». La
raison de cet oubli est sans doute à rechercher dans la
pudibonderie des milieux religieux et les nécessités de
l'enseignement du Coran. Les enfants doivent apprendre le
Coran par cœur dès leur plus jeune âge, et on voit mal le *fqih*,
c'est-à-dire le maître des enseignements coraniques, expliquer
à des enfants que les femmes doivent cacher leurs fentes. Il
était plus facile de parler de poitrine et le sens de fente de
juyûb a été oublié.

Comment comprendre cette histoire de fentes ? Dans
nombre de langues, la féminité est une question
d'« échancrures », de « fentes ». On nomme alors les seins et
les fesses par rapport au creux qui les sépare et les joint, et qui
peut évoquer le sexe féminin. Ainsi, en anglais, le décolleté se
dit *cleavage*, « échancrure ». Le symbole pictographique pour
femme que les Sumériens ont utilisé avant l'introduction des
signes cunéiformes consiste en un triangle posé sur un de ses
sommets et d'où part un trait vertical qui rejoint le centre, une

claire représentation du pubis féminin. Le mot *fesse* vient du latin *fissum*, « fente », qu'on trouve aussi dans *fissure*. Il y a eu un glissement de sens en français : pour quelque raison, notre langue voit moins la fente que les parties du corps qui la forment, c'est-à-dire les fesses. En français, ce sont les formes qui représentent la féminité, et si on peut parler de fente pour le vagin, ce n'est pas le mot le plus courant. Dans beaucoup d'autres langues, la dénomination du sexe féminin se fonde sur la notion d'échancrure, comme l'allemand *Scheide* (idée de séparation, de fente), ou l'italien *fissa* (fente), ressenti comme très vulgaire.

Il faut se rappeler que les vêtements du VIIème siècle sont des *khumur*, des « couvertures » dans la traduction de Guidère, c'est-à-dire des pièces de tissus tissées. Couvrant le corps, elles constituaient des vêtements très amples et susceptibles de le laisser entrapercevoir au moindre mouvement, donc aussi ses « échancrures ». Ce verset du Coran est ainsi plein de bon sens. Il est demandé aux femmes de serrer les *khumur* près du corps lorsqu'elles sont dans l'espace public afin de ne pas laisser voir leurs *juyûb*, que ce soit par mégarde ou par coquetterie[90]. En revanche, comme les gestes du travail domestique sont susceptibles de laisser s'entrouvrir les *khumur*, elles peuvent les laisser voir dans l'espace familial aux personnes non susceptibles de concupiscence ou dont le désir serait légitime (l'époux). Les autres parties du corps, par

---

[90] Il semble que cette recommandation du Coran ait des raisons historiques. Il régnait une certaine licence des mœurs à l'époque préislamique, avec une prostitution extrêmement répandue, et donc un manque de modestie de la part des prostituées, très visible dans l'espace public. Saint-Augustin mentionne le même phénomène dans ses *Confessions*, écrites au Vème siècle. Il s'agissait donc de permettre aux croyantes de se distinguer clairement des prostituées afin de ne pas être harcelées.

exemple les cheveux, peuvent légitimement être vues dans tous les cas.

Une lecture de ce verset adaptée à notre époque pourrait consister à recommander aux musulmanes de ne pas porter de décolletés, puisque les vêtements occidentaux cachent habituellement le bas du corps de toute façon. Le port de vêtements cachant le visage comme le niqab ou la burka s'explique par une extension du sens de *juyûb* à la bouche et aux yeux, considérés comme des fentes. La question du voile révèle ainsi un mélange de pudibonderie et d'obsession quant au corps féminin : on oublie le sens originel de *juyûb* tout en l'étendant à des parties du corps dont il n'est pas fait mention dans le Coran.

Les tenues islamiques modernes (hijab, burka, tchador, niqab, ...) n'ont donc pas de fondement coranique, et les versets du Coran analysés plus haut peuvent s'adapter facilement et sans contorsions sémantiques à la vie moderne. Les tenants du port de ces tenues, c'est-à-dire la plupart des théologiens, en particulier salafistes, sont amenés, paradoxalement, à travestir le texte du livre sacré, ou du moins à retenir dans leurs enseignements des travestissements issus d'une exégèse coranique douteuse. Ils s'en servent aussi pour propager leurs versions particulières de l'islam dans le cadre de ces luttes entre faction rivales qui ensanglantent l'islam depuis ses origines. Mathieu Guidère fait état d'« enquêtes de terrain [qui] montrent que chaque type de voile est intimement lié à une doctrine et constitue le signe ostentatoire d'appartenance à cette doctrine, que l'adoption soit consciente ou inconsciente. Cela signifie qu'à chaque fois qu'une femme adopte un type de voile, elle rejoint un courant théologico-politique, sans nécessairement en être consciente, et à chaque fois qu'elle change de type de voile, elle ne fait en réalité que se convertir d'un courant à l'autre (*La guerre des islamismes*, p. 43) ».

Le lecteur se demande peut-être pourquoi des non-musulmans comme les auteurs de ces lignes auraient raison contre des milliers de théologiens musulmans. C'est effectivement une question. Nous avons abordé le texte coranique d'une manière purement linguistique, sans *a priori* quant à ce que nous allions y trouver, et nous invitons les croyants à faire de même. Ils constateront qu'une partie de la pensée théologique musulmane traditionnelle est en pleine déroute intellectuelle et morale, et qu'il conviendrait de la revoir sérieusement. Cela permettrait un nouveau développement de l'exceptionnel héritage de la culture musulmane, au profit des musulmans, bien sûr, mais aussi des non-musulmans. Au lieu d'œuvrer à une guerre entre les religions, il conviendrait de combler les tranchées déjà creusées en donnant de l'islam une vision contextuelle, débarrassée des archaïsmes et des travestissements.

Il semble qu'un mouvement en ce sens se dessine effectivement. Selon un site internet[91], « l'université al-Azhar vient de définitivement mettre fin au débat autour de l'obligation religieuse de porter le voile islamique qui couvre la tête en concluant qu'il s'agirait plus d'une habitude enracinée que d'un devoir religieux dicté par Dieu ». Rappelons que cette université est l'une des plus prestigieuses du monde musulman et qu'elle forme des imams et des théologiens. Elle a donné le titre de docteur à Cheikh Mustafa Mohammed Rashid « pour sa thèse de doctorat en charia et loi

---

[91] Merci à Belaid Abrika de m'avoir signalé le site http://forumdesdemocrates.over-blog.com/2015/08/le-voile-n-est-pas-une-obligation-a-tranche-al-azhar.html

et qui a porté sur le thème du port du voile islamique en islam, entre obligation ou habitude ».

Espérons que le monde musulman saura tirer profit de ce travail...

La rhétorique anti-femme des islamistes

Il reste à comprendre la rhétorique anti-femme des islamistes et les raisons de son développement. Elle repose d'abord sur des pratiques vestimentaires ancestrales acceptées par les femmes et les sociétés musulmanes dans leur ensemble. Concernant plus particulièrement les populations immigrées dans les pays occidentaux, la fidélité aux traditions est sans doute un élément rassurant dans leur confrontation avec de nouvelles coutumes parfois difficiles à pénétrer, souvent déstabilisantes. Il faut donc comprendre et accepter que les premières générations d'arrivants perdurent dans leur respect des traditions.

Il en va différemment des générations suivantes. Les femmes éduquées dans les systèmes scolaires occidentaux n'ont aucun mal à comprendre les modes de vie des pays d'accueil. Certaines d'entre elles veulent malgré tout porter le voile, en raison d'une foi profonde ou par tradition, ce qui est tout à fait respectable et doit être accepté dans les limites de la loi.

Mais on constate que la plupart de ces musulmanes portent des tenues qui n'ont rien à voir avec les traditions maghrébines, ainsi qu'il a été vu plus haut. Leur motivation n'est ainsi pas le respect de la tradition, mais la conformité à l'islam fantasmé des islamistes, soit par foi, soit par obligation sociale ; leur tenue islamique est alors souvent alors minimale, consistant généralement en un discret fichu couvrant les cheveux. D'autres se livrent à une certaine provocation en arborant des vêtements plus couvrants. Dans tous les cas, ces femmes sont instrumentalisées dans le cadre d'une rhétorique très efficace mise au point par des islamistes qui connaissent bien le monde occidental. Elle consiste à mettre en opposition deux valeurs essentielles de notre civilisation, à savoir le droit à la liberté et à l'expression individuelle d'une part, et l'émancipation des femmes d'autre part. Les islamistes nous imposent un choix impossible : soit nous interdisons aux musulmanes de se voiler, et dans ce cas nous contrevenons au principe de liberté individuelle ; soit nous les laissons porter le voile, et alors nous renonçons à l'universalité de l'émancipation des femmes, qui ne serait qu'une coutume propre à notre culture qu'on ne saurait imposer aux autres.

Si seules les musulmanes de première génération et les vraies croyantes portaient le voile, il n'y aurait aucune difficulté : nos sociétés sont assez tolérantes pour accepter cela et le cas des musulmanes entrerait alors dans le cadre général des signes religieux ostentatoires auxquels nous sommes habitués, tels la kippa pour les juifs, la croix pour les chrétiens, ou bien comme en Grande-Bretagne, le turban pour les Sikhs. Dans ce cas, il n'est nullement besoin de légiférer dans un sens ou dans l'autre : il est entendu que les femmes sont libres de porter les vêtements de leur choix.

Mais les islamistes se sont lancés dans un jusqu'au-boutisme provocateur. S'ils le peuvent, ils imposent des vêtements couvrants tels que la burka ou le niqab, sans fondement coranique, ainsi qu'il a été vu plus haut, et étrangers aux traditions du Maghreb ; ils imposent le voile également aux fillettes dans les écoles, avec les restrictions qui accompagnent ces vêtements pour ce qui concerne le sport ou la natation ; ils posent des exigences incompatibles avec l'exercice de nombreux métiers par des hommes tels ceux de médecin, de gynécologue, d'infirmier. Au lieu de laisser les femmes s'intégrer paisiblement et à leur rythme dans la société qui les accueille, ils les ont transformées en femmes-sandwichs porteuses d'une idéologie que, dans beaucoup de cas, elles n'ont aucune envie d'assumer. Leur vie devient difficile, prises entre l'hostilité de la population du pays d'accueil, qui perçoit bien la provocation, et les contraintes imposées par les islamistes. Il en résulte une frustration et du ressentiment à l'égard de l'*ubuntu* englobant, et un enfermement dans l'*ubuntu* fantasmé par les islamistes, qui peuvent alors mieux contrôler les femmes, et à travers elles, la population musulmane dans son ensemble. Petit à petit, et qu'elles le veuillent ou non, les musulmanes sont alors toutes concernées par la question du voile. Celles qui ne le portent pas sont sommées de se justifier auprès des islamistes, et celles qui le portent doivent faire de même auprès de leurs voisins et collègues non-musulmans. De particularité vestimentaire et religieuse, le voile est devenu un problème quotidien brûlant.

Si la société englobante décide que le laisser-faire ne fonctionne plus et qu'il faut légiférer, elle se trouve face à un choix cornélien entre la liberté individuelle et l'émancipation des femmes. Elle peut affirmer haut et fort le respect absolu de la liberté individuelle et légiférer pour promouvoir la tolérance au sein de la population englobante. C'est la voie suivie en Grande-Bretagne. Elle peut aussi privilégier l'émancipation des femmes et restreindre les libertés individuelles. Ce fut le choix de la France. On va voir que dans les deux cas, l'influence des islamistes sort renforcée de la confrontation, au détriment à la fois des sociétés occidentales et des populations musulmanes.

Les Britanniques ont choisi de laisser les musulmanes porter librement le voile sous toutes ses formes. La Grande-Bretagne étant volontiers donneuse de leçons au reste du monde, la France fut l'objet de commentaires moqueurs et négatifs dans la presse, les milieux politiques et dans l'opinion pour avoir interdit les vêtements couvrant le visage. Pourtant, les Britanniques ont confondu deux choses : une expression individuelle de la foi tout à fait légitime, et les manipulations des islamistes pour qui le voile n'est qu'un premier pas vers une communautarisation qui leur permettra, du moins l'espèrent-ils, un contrôle accru sur les populations musulmanes. Et en effet, accepter le voile dans ces conditions est un premier pas sur un chemin glissant. Il faudra alors également accepter que les musulmanes aient le droit de se faire soigner exclusivement par des femmes (médecins, gynécologues, infirmières…), qu'on puisse refuser de serrer la main d'une personne du sexe opposé, que les enfants aient le droit de manger hallal partout, que des écoles islamiques puissent être ouvertes, etc. Les Britanniques ont d'ailleurs accepté la mise en place de sortes de cours de justice islamiques appelées *Islamic Sharia Councils* pour traiter des affaires communautaires selon la loi islamique, en particulier les questions de divorce. Le recours à ces conseils se fait théoriquement sur la base du volontariat, mais la pression communautaire oblige parfois les femmes à se soumettre et à accepter des décisions privilégiant les intérêts des maris. Elles ont le droit de recourir à la loi britannique, seule valide en cas de litige, mais elles ne le font pas toujours de peur d'encourir l'opprobre de la communauté.

La stratégie islamiste aboutit finalement à une communautarisation de la société où certains citoyens seront contraints d'obéir à d'autres lois que la majorité. On construit ainsi une communauté dans la communauté, chacune avec son propre *ubuntu*, avec tous les risques de conflit que cela comporte à terme. En outre, le processus débouche sur une crise morale de la communauté englobante : en abandonnant sciemment les musulmanes aux mains des islamistes et en les cantonnant ainsi dans une citoyenneté de seconde zone, on renie une des valeurs emblématiques des pays occidentaux, l'émancipation des femmes. C'est particulièrement surprenant au Royaume-Uni, où les Suffragettes ont montré la voie il y a près d'un siècle. Les islamistes ont alors gagné sur tous les tableaux.

La situation est-elle meilleure en France ? Peut-être un peu. Les Français ont bien senti la provocation islamiste et le danger encouru par les musulmanes, notamment celles qui refusent le sectarisme et veulent vivre librement leur foi ou leur absence de foi. Ils ont réagi en limitant leurs droits à l'expression individuelle, interdisant le port de la burka et du niqab dans l'espace public. Les musulmanes qui le souhaitent peuvent continuer de porter un voile qui ne cache pas le visage. Mais l'image de la France en a pâti, à la fois dans les pays musulmans et dans des pays tiers, qui ont assimilé l'interdiction des vêtements couvrant le visage à de l'intolérance religieuse, et ce d'autant plus facilement que la notion de laïcité n'est pas bien comprise à l'étranger, comme il a été vu plus haut. Les islamistes ont ainsi gagné la bataille de la propagande. Ils ont réussi à assimiler la politique de la France à une sorte de sectarisme liberticide et intolérant, la mettant de la sorte en contradiction avec la tradition de défense des droits de l'homme dont elle s'enorgueillit. Les attaques contre Charlie-Hebdo et contre l'Hyper Casher en janvier 2015, et contre la population parisienne en novembre de la même année sont certainement liées à cette défaite idéologique. Les assassins islamistes ont pensé qu'il était légitime de s'en prendre à la France, terre d'intolérance vis-à-vis de l'islam, comme le montre nettement, selon eux, la liberté laissée à la presse de se moquer ouvertement des musulmans.

Cette confusion a eu une autre occasion de s'étaler dans les media durant l'été 2016 à l'occasion de l'affaire du « burkini », un mot-valise construit à partir de burqa et de bikini, et qui désigne un maillot de bain qui couvre entièrement le corps à l'exception des mains, des pieds et du visage. On a vu de grands intellectuels français le défendre parce que les bourgeoises qui prenaient des bains de mer au XIXème siècle étaient elles aussi habillées de pied en cap. On a vu des maires de certaines localités l'interdire sur leurs plages. De quoi s'agissait-il ? D'une provocation supplémentaire, qui n'a rien d'islamique, et qui visait à renforcer la défiance des musulmans vis-à-vis de la France. Heureusement que le législateur a su garder la tête froide et qu'il ne s'est pas couvert de ridicule en votant une loi contre cette pratique vestimentaire. Mais le débat fit rage tout l'été, sans qu'une réponse adéquate ait été trouvée. C'était facile, pourtant. Il suffisait de laisser faire, d'attendre en tablant sur les contradictions internes des islamistes, éventuellement de les inviter dans les media pour leur poser des questions. Il n'y a en effet aucune chance pour qu'ils approuvent le port de ce vêtement de plage, qui, bien que couvrant, laisse deviner les formes du corps lorsqu'il est mouillé (et donc ses « fentes »). Il faut se rappeler que l'attitude anti-féminine des islamistes est un élément de stratégie, certes, mais aussi le produit de leur obsession quant au corps féminin. Si les islamistes ont laissé se développer la controverse, c'est pour des raisons stratégiques. Il suffisait d'attendre que l'obsession prenne le dessus pour voir apparaître des commentaires anti-burkini de la part des islamistes.

Là encore, ce sont les musulmanes qui ont pâti de la confrontation. Elles ont été montrées du doigt, alors que beaucoup d'entre elles pensaient sincèrement que le burkini était un bon compromis. Lors d'une interview par un journaliste de télévision, deux jeunes filles portant le hijab ont défendu le burkini en disant qu'il s'agissait d'un vêtement « moderne ». C'est peut-être surprenant, mais pour des musulmanes vivant dans un milieu communautarisé aux mains des islamistes, le burkini est effectivement un moyen de lutter contre une tradition étouffante sans s'y opposer ouvertement. C'est un vêtement « moderne », un lien entre le vécu islamique et la société englobante. En défendant le burkini, elles ne faisaient pas de provocation ; elles essayaient seulement de trouver une voie vers la « modernité ». Il y a donc de l'espoir : les musulmans sont bien conscients que l'islamisme n'a rien de « moderne ».

Mais comment lutter contre l'antiféminisme islamiste ? Cela passe par une prise de conscience de la confusion entre liberté religieuse et communautarisme sectaire que les islamistes ont réussi à installer dans les esprits. Cela passe aussi par l'analyse de la stratégie islamiste qui vise à créer une crise morale en mettant en opposition deux valeurs fondamentales de notre civilisation, la liberté individuelle et l'émancipation des femmes. Ce travail d'éclaircissement doit être fait dans les communautés musulmanes et non musulmanes, par des croyants et des non-croyants. Il faut enfin montrer que la stratégie des islamistes vise à prendre le pouvoir, d'abord sur les musulmans, ensuite, espèrent-ils, sur la communauté englobante[92]. Cet objectif est bien

---

[92] Michel Houellebecq en a eu l'intuition dans son roman *Soumission*, dans

évidemment absurde, mais avant d'échouer, il peut produire des conflits civils sanglants, en particulier si la population englobante commence à se livrer à des actes de représailles aveugles après des attentats. La situation n'est pas désespérée, mais dangereuse. Il convient de se mettre à l'ouvrage et de bien expliquer à tous les tenants et les aboutissants du problème.

---

lequel il décrit une France qui a élu un gouvernement islamique.

CHAPITRE 9

L'Europe

Dans la crise morale et politique que traverse l'Union européenne, on verra que là aussi, c'est l'ignorance des relations complexes entre *cogito* et *ubuntu* qui sont à l'origine d'une partie des difficultés.

E pluribus unum

E pluribus unum est la devise des États-Unis, car c'est bien de cela qu'il s'agissait lorsque le peintre Pierre-Eugène Ducimetière l'a suggérée en 1782 pour orner le sceau américain : transformer les immigrants de multiples origines en un seul peuple. Or l'Europe n'est pas parvenue à faire « de plusieurs, un seul », et une des causes de l'échec a sans doute été l'ignorance des relations entre le *cogito* et l'*ubuntu*. Pour qu'une Europe politique existe en tant que pays, il faudrait que nous nous sentions européens avant de nous sentir français ou allemands, comme nous nous sentons français ou allemands avant de nous sentir basques ou bavarois. Il faudrait donc remplacer le sentiment d'appartenance national par un sentiment d'appartenance à une communauté qui couvre tout le continent. La nation a été correctement identifiée comme un frein à ce changement, mais au lieu de construire par le haut, on a favorisé les régions et les communautés en espérant qu'elles auraient raison des nations. Et d'ailleurs cela a été le cas en Tchécoslovaquie, en Yougoslavie, ainsi que partiellement en Espagne et au Royaume-Uni avec l'autonomie croissante de la Catalogne et de l'Écosse[93]. L'éclatement de la Belgique n'est sans doute qu'une question de temps, et la Suisse subit elle aussi de fortes tensions intercommunautaires. En Europe, on est en train de remplacer des *ubuntus* nationaux par des *ubuntus* régionaux.

Pense-t-on sérieusement qu'une Europe de micro-états serait plus européenne qu'une Europe des nations ? Il est plus que probable qu'un tel ensemble ne soit le siège

---

[93] Mais les Ecossais ont rejeté l'indépendance dans un référendum qui s'est tenu en octobre 2014.Quant à la Catalogne, au moment où ce texte est revu (mars 2018), la situation est extrêmement confuse. Le président de la Catalogne, Carles Puigdemont, qui dirigeait une coalition indépendantiste assez hétéroclite, a décrété unilatéralement l'indépendance de la région en se prévalant des résultats d'un référendum considéré comme illégal par Madrid, auquel les « unionistes » ont donc faiblement participé. Seulement 42% des électeurs se sont déplacés, parmi lesquels 10% ont tout de même voté contre l'indépendance. On peut donc considérer que l'indépendance de la Catalogne n'est soutenue que par un peu plus d'un tiers des électeurs. Le gouvernement espagnol a demandé à Puigdemont de tenir de nouvelles élections où la question de l'indépendance pourrait être clairement posée. Il a refusé. Madrid a alors suspendu l'autonomie de la région, fixé une date pour des élections régionales, et a poursuivi le gouvernement catalan pour « sédition » et « rébellion ». Puigdemont s'est alors réfugié en Belgique. Les élections du 21 décembre 2017 ont redonné une majorité aux indépendantistes. Il est difficile de prévoir l'évolution de la situation…

d'innombrables *ubuntus* particulièrement étroits et xénophobes, méprisant les voisins que l'histoire et la géographie leur ont légués, arc-boutés sur leur folklore local, et prétendant communiquer avec les autres Européens en anglais. C'est cette vision qui a dominé les élites politiques européennes à partir des années quatre-vingts, dont l'Europe subit maintenant les conséquences. Entre temps, il semble que les responsables politiques européens se soient rendu compte des dangers du régionalisme, mais sans aller jusqu'à un *mea culpa* haut et clair et la définition d'une nouvelle politique moins régionaliste, plus intégrationniste.

Une Europe de micro-états n'aurait aucune cohérence, aucune ambition, aucun objectif commun. Elle serait incapable de se défendre contre un éventuel ennemi qui aurait toute latitude de jouer les uns contre les autres pour son propre profit. C'est de cette manière que l'Empire ottoman a pris le contrôle des Balkans, en utilisant les ambitions des micro-états de la région et en opérant des renversements d'alliance au moment opportun pour rafler toute la mise et s'installer pour quelques siècles.

L'éclatement en citoyennetés plus petites que les citoyennetés nationales est un grand danger pour l'Europe. Ce mouvement centrifuge devrait être remplacé par une tendance inverse fondée sur l'adhésion du cœur et de l'esprit à une citoyenneté européenne englobante, seule alternative humaniste aux sentiments nationalistes et régionalistes dont l'histoire montre la dangerosité. Si le lecteur le permet je voudrais illustrer cela par mon exemple personnel. Pour l'instant, la citoyenneté à laquelle j'adhère est la citoyenneté française, qui ne m'empêche nullement d'être alsacien ou de faire partie de toute autre communauté, religieuse, syndicale, politique, etc., si je le souhaite. Je ne voudrais pas être contraint d'adopter une citoyenneté alsacienne qui ne serait à mes yeux que régression et esprit de clocher. Au contraire, si je dois abandonner la citoyenneté française, ce ne pourra être que pour une citoyenneté européenne englobante qui me permettra de vivre en tant que *personne*, et non d'abord en tant que *membre* d'une communauté. Si une personne souhaite se déterminer par rapport à sa religion, son origine ou son orientation sexuelle, cela la regarde tant qu'elle ne contrevient pas à la loi. Il n'y a pas de raison de légiférer sur ces appartenances. C'est le principe de laïcité.

Construire un ubuntu culturel européen

La construction d'un *ubuntu* européen passe par l'affaiblissement de l'*ubuntu* national. On pourrait y parvenir en développant le *cogito* dans les systèmes éducatifs et en construisant parallèlement un *ubuntu* européen. La notion que nous sommes tous égaux à la naissance et que nous aurions pu naître ailleurs contrebalance puissamment l'esprit de clocher et le nationalisme. Un bon moyen pour parvenir à cette fin pourrait être l'introduction massive dans les systèmes éducatifs des œuvres littéraires, philosophiques, artistiques et scientifiques de la tradition européenne. La littérature, notamment, nous montre que par-delà les différences culturelles, nous sommes tous semblables. Les histoires que racontent les romans sont ancrées dans le spécifique local, mais nous les comprenons tout de même et nous pouvons nous identifier aux personnages et entrer en sympathie avec eux. Ces textes pourraient être lus en traduction, mais aussi, dès que possible, dans la langue originale. Pour cela, il faudrait encourager le plurilinguisme à l'école au lieu de restreindre l'enseignement des langues à un anglais limité, le *globish*, qui ferme les jeunes générations aux cultures étrangères, qui ne les ouvre même pas à ce qu'il y a de meilleur dans les cultures anglophones, mais les met à la merci d'une vision mercantile et étriquée des rapports sociaux véhiculée en anglais par les tenants de l'économie ultralibérale.

On pourrait aussi mettre en place un enseignement de l'histoire européenne. Cela ne veut pas dire qu'il faille parvenir à un consensus sur les contenus, qui ne serait au bout du compte qu'une sorte de propagande bien pensante. Il s'agit au contraire de montrer la diversité des approches d'un même épisode historique. Par exemple, les mutations démographiques qui eurent lieu à la fin de l'Empire romain et que les historiens français ont appelé « Les Grandes Invasions », les Allemands les appellent « Die Völkerwanderung », la migration des peuples. Cette différence dans le vocabulaire met le doigt sur la manière dont l'Histoire est interprétée selon qu'on est la victime d'un épisode historique ou qu'on en est la cause. Un enseignement qui montrerait ces différences produirait une approche contrastée de l'histoire, en mesure de construire l'Europe dans les esprits en en reconnaissant la diversité. Car constater la diversité, cela n'a de sens que par rapport à un tout, et c'est par cette diversité que le tout peut être atteint.

Construire un ubuntu politique européen

La réalisation d'un *ubuntu* européen dépend grandement d'une certaine clarté dans la pensée politique. De nombreuses erreurs ont été commises lors de l'admission de nouveaux pays dans l'Union Européenne. Il aurait fallu avant toute chose formuler clairement les exigences européennes en termes de reconnaissance des autres, et affirmer solennellement que la conformité à ces exigences était une condition *sine qua non* pour être admis dans l'UE. Les Chypriotes grecs n'auraient ainsi pas dû être admis dans l'*ubuntu* européen tant qu'ils n'auraient pas créé un *ubuntu* local avec les Turcophones avec lesquels ils partagent leur île. Même chose en ce qui concerne la Slovénie, qui s'est séparée de la Yougoslavie en déclenchant une guerre au lieu de rechercher une entente avec les autres régions de l'ex-Yougoslavie. Quant à l'éclatement de la Tchécoslovaquie, il aurait dû être considéré comme rédhibitoire pour l'entrée en Europe de la Slovaquie, qui a imposé la séparation aux Tchèques et à une grande partie de la population slovaque. L'Europe n'a pas réagi contre ces éclatements, et d'autres régions se sont alors senties encouragées dans leur désir d'indépendance. Mais comment peut-on espérer que des peuples réussiront à se concevoir comme membres d'une communauté englobante s'ils ne parviennent pas à une certaine entente avec leurs voisins immédiats ?

Le fait que la question européenne n'ait pas été analysée en ces termes ni par les politiques, ni par la plupart des experts en relations internationales montre bien qu'il y a un problème au niveau de la compréhension du lien entre individu et communauté.

Le fonctionnement de la démocratie peut certainement être amélioré. Les députés européens qui siègent à Strasbourg sont élus en tant que membres de partis nationaux, sur des programmes largement nationaux. On aurait pu, et on peut toujours, il n'est pas interdit de rêver, exiger des partis qu'ils aient une implantation européenne et pas seulement nationale. On pourrait aussi introduire un scrutin de circonscription qui corresponde à des entités régionales existantes[94] et n'autoriser

---

[94] Et non des portions du territoire arbitrairement découpées, comme à l'heure actuelle en France et dans d'autres pays.

à se présenter devant les électeurs que des membres non nationaux des partis. Par exemple, lors des élections européennes, une région comme l'Alsace par exemple, ne pourrait choisir pour la représenter qu'un ressortissant d'un autre pays, membre d'un parti implanté dans tous les pays d'Europe. L'électeur pourrait choisir entre un candidat chrétien-démocrate allemand, un candidat socialiste hongrois, un candidat libéral tchèque, et ainsi de suite. Cela obligerait les candidats à parler des langues européennes, et cela finirait par créer des liens étroits entre la classe politique européenne et le peuple européen. Il n'y a aucune raison de penser qu'un élu étranger d'une circonscription ne fasse pas correctement son travail de représentation, et si cela était le cas, il serait sûrement battu à l'élection suivante.

Le Brexit

La sortie de la Grande-Bretagne de l'Europe votée par le peuple britannique en juin 2016 est bien le signe que l'Europe n'a pas réussi à conquérir les cœurs et les esprits. Certes, ce pays est parti d'un isolationnisme traditionnel profondément ancré dans sa culture à une acceptation de son appartenance européenne par presque la moitié de la population, puisque 48% des électeurs ont voté pour le maintien du Royaume-Uni dans l'UE (le vote « remain »). Lors du référendum de 1975, les Britanniques avaient voté pour l'Europe à plus de 67%, largement pour des raisons économiques, dans un pays qui avait perdu son empire colonial et qui espérait un second souffle. Ce fut d'ailleurs le cas : la Grande-Bretagne sortit de la crise profonde qui l'avait affectée depuis la fin de la guerre. Ce sont d'ailleurs des arguments économiques qui ont été utilisés en 2016 par les partisans du « remain », qui prédirent de graves conséquences en cas de victoire du « leave » (le vote pour quitter l'UE). Les partisans du Brexit ont combattu ces sombres pronostics en affirmant qu'au contraire, puisque la Grande-Bretagne était un contributeur net au budget européen, elle allait pouvoir utiliser les fonds non dépensés pour l'Europe à son propre développement, un argument qui finit par affaiblir le « remain » en annulant son argument principal, du moins dans l'esprit des citoyens. Finalement, le vote « leave » l'a emporté essentiellement grâce à deux autres arguments, le désir nationaliste de se « libérer » de la « tutelle » de Bruxelles, et la question de l'immigration, dont les Britanniques rendaient l'Europe responsable, donc au fond deux fantasmes populistes : être maître chez soi et rejeter les étrangers. Les Britanniques ont voté pour le renforcement de leur *ubuntu* traditionnel, menacé selon eux, par l'*ubuntu* européen et celui des immigrants.

Un peu d'*ubuntu* mâtiné de *cogito* aurait pourtant pu sauver la mise du « remain ». Il aurait fallu minimiser les arguments économiques et montrer le *bonheur* de vivre avec les autres Européens dans un *ubuntu* commun, plutôt que l'*intérêt* de commercer avec des étrangers pour augmenter les profits des entreprises. Pour cela, il aurait fallu faire campagne sur l'humain plutôt que sur la peur. Les partisans du « leave » ont parié sur la peur eux aussi, mais avec plus de succès car ils se sont adressés à ce qu'il y a de plus négatif dans un *ubuntu*, le repli sur soi et la peur des autres.

Si l'Europe avait effectivement présenté un visage plus attirant, le résultat aurait peut-être été différent. Mais la politique européenne est dominée par des conceptions ultralibérales qui l'ont amenée à favoriser le dumping social de la part de certains des pays de l'Est qui ont rejoint l'Europe en 2004. Elle a refusé de travailler à une convergence de la protection sociale vers le niveau le plus élevé, ce qui a eu pour effet de mettre les lois sociales des pays riches en concurrence avec celles des pays pauvres, au détriment finalement de l'ensemble des citoyens européens. Elle a également laissé les entreprises des pays plus riches jouer la carte de la concurrence fiscale entre les pays membres. Elle a toléré en son sein des pratiques bancaires proches de celles des paradis fiscaux (au Luxembourg, aux Pays-Bas, en Autriche, en Irlande, dans les Îles Anglo-Normandes, à Chypre). Les citoyens européens n'ont pas une claire conscience de la nature de ces dysfonctionnements. Ils en subissent cependant les conséquences dans leur vie quotidienne, et ils ont correctement identifié l'Europe comme un vecteur important de ces politiques ultralibérales. Une telle Europe ne peut que dégoûter à terme les citoyens européens. Le danger est grand de voir d'autres pays quitter l'Union.

Les nouvelles régions de France

La restructuration régionale mise en place en France à partir de 2015 pose problème parce que les nouvelles régions ne correspondent à aucun *ubuntu* historique ressenti par leurs habitants. L'appartenance à un ou plusieurs *ubuntu* n'est en effet pas décrétée ; elle est acquise soit à la naissance, soit après un long séjour dans une région à laquelle on finit par s'identifier, soit grâce à un patient travail d'adhésion collective volontaire pour un bien commun ressenti comme nécessaire et bénéfique (un processus que l'Europe n'a malheureusement pas su mettre en place pour son propre compte). Pour que les régions soient susceptibles d'être l'objet d'une identification de ses habitants, elles doivent d'abord être perçues comme jouissant d'une existence historique, culturelle, linguistique bien plus ancienne que la mémoire du plus âgé de ses habitants. On a souvent l'impression que les régions et les pays ont toujours existé ; c'est vrai des territoires qui les constituent, mais jamais des entités géographiques nommées, telles que la France, l'Allemagne, la Bavière ou la Flandre, dont l'apparition et les frontières sont nécessairement inscrites dans l'Histoire, même si elle est oubliée. Peu d'Alsaciens savent par exemple que l'ancêtre du mot Alsace, « Alsa », est n'apparu qu'au VIIe siècle, c'est-à-dire deux siècles après l'invasion de la région par les Alamans et les Francs et la germanisation des populations celtiques et gallo-romaines qui en est résultée. Qui plus est, aucun document historique ne permet de comprendre pourquoi et comment cette nomination s'est faite, et à partir de quand l'appartenance à une région ainsi nommée a été considérée comme allant de soi par ses habitants.

Ce n'est certainement pas le besoin de rassembler des régions liées par l'histoire ou la géographie qui a abouti à la création des nouvelles régions de France. La Champagne-Ardenne a failli être jointe à la Picardie, et finalement, quelqu'un quelque part a décidé de la rattacher à l'Alsace et à la Lorraine. Il n'y a là aucune nécessité. Le processus de nomination de la région du Grand Est a révélé la vacuité criante de son *ubuntu* : une commission a proposé le choix entre « Nouvelle-Austrasie », en référence à une région qui a effectivement existé à l'époque mérovingienne, mais qui allait jusqu'en Hollande, « Acalie », un nom créé à partir des premières lettres des mots Alsace, Champagne-Ardenne et Lorraine, et « Rhin-Champagne », excluant la Lorraine et les Ardennes. Le nom qui avait commencé à être utilisé spontanément dans la presse et les conversations, « Grand Est », a été éliminé de la compétition : il avait été classé quatrième seulement après un vote au sein de la commission. Il a finalement été rajouté à une liste soumise aux internautes et l'a emporté haut la main, avec 75% des suffrages. Lors de la première création des régions, en 1981, le choix des noms « Alsace », « Lorraine » et « Champagne-Ardenne » n'avait fait objet d'aucun débat parce que leur existence allait de soi.

Pour construire un sentiment d'appartenance à une région englobante, il faut quelques fondements historiques, une limite claire, et surtout, du temps et la mise en place de corpus d'usages qui présentent sans relâche les nouvelles réalités à l'esprit des citoyens. L'Europe n'est pas parvenue à créer un *ubuntu* européen alors qu'elle possède bel et bien une légitimité historique. Mais il lui manque des frontières claires ; l'adhésion de nouveaux pays les modifie en permanence au gré d'accords politiques aléatoires et imprévisibles. Comment s'identifier à une entité aussi mouvante ? Comment construire un *ubuntu* sur commande avec des peuples lointains dont la plupart des Européens ne savent pas grand-chose, ou avec lesquels ils ne ressentent que peu d'affinités[95].

---

[95] Le président Nicolas Sarkozy avait eu l'intuition de cette difficulté lorsqu'il a affirmé que la Turquie ne pourrait pas rejoindre l'UE.

CHAPITRE 10

L'économie

C'est dans le domaine de l'économie que les excès du *cogito* sont les plus néfastes. Dans le type de capitalisme qui domine à l'heure actuelle, c'est la cupidité personnelle qui est encouragée au détriment de la solidarité et de la générosité. C'est une variante extrême qui l'a emporté sur d'autres versions plus humaines, par exemple le capitalisme rhénan qui s'était développé en Allemagne après la guerre et que Willy Brand, Chancelier de la République Fédérale d'Allemagne de 1969 à 1974, appelait « die Sozialmarktwirtschaft », l'économie sociale de marché, dont le but était de faire profiter toutes les couches de la société du développement économique, et ce par le moyen de salaires corrects et d'une protection sociale généreuse. Il en fut de même dans les pays scandinaves, champions de la social-démocratie, dans la France gaulliste, qui a mis en place une sécurité sociale tout à fait efficace, et dans la plupart des démocraties européennes. A cette époque, l'enrichissement personnel était vu comme le meilleur moyen de développer la richesse nationale, mais il était entendu plus ou moins explicitement que c'était le bien-être de tous qui était recherché. Les citoyens pouvaient s'enrichir, mais ils devaient aussi penser aux autres individuellement et collectivement. C'est pourquoi des mécanismes de répartition de la richesse nationale avaient été mis en place.

A la Libération, s'inspirant de la politique introduite dans une mine de charbon du nord de la France pour en augmenter la productivité, de Gaulle décrivait ainsi la manière dont il concevait la France future :

> « En rapprochant les uns des autres tous ceux quels que soient les échelons, qui participent à la même œuvre, en les amenant à en étudier ensemble la marche, les progrès, les lacunes, en suscitant le sentiment et en organisant la pratique de leur solidarité, je compte qu'un pas est fait vers l'association du capital, du travail et de la technique, où je vois la structure humaine de l'économie de demain »[96].

Il ajoute dans le paragraphe suivant : « Certes les privilégiés les accueillent mélancoliquement » (parlant des transformations en cours). On perçoit clairement dans ce texte la volonté gaullienne de construire un *ubuntu* politique, économique et social. Cette attitude est caractéristique d'une droite conservatrice humaniste qui ne veut pas bouleverser l'ordre établi, mais qui considère que la société doit donner une juste place à tous par-delà les différences en termes de richesse et de classe sociale.

Cette droite conservatrice et sociale a progressivement cédé la place à l'ultralibéralisme, et c'est ainsi que les années 90 ont vu le triomphe d'une version barbare du capitalisme, dont le but est l'enrichissement individuel sans limites, même si le résultat est l'appauvrissement des autres et de la collectivité. L'ultralibéralisme a été théorisé par les économistes et les politiciens de droite, d'abord en Amérique,

---

[96] Charles de Gaulle, 1959, *Mémoires de guerre. Le salut (1944-1946)*, page 121, Plon, Paris.

puis ailleurs, et c'est ainsi qu'après la chute du mur de Berlin en 1989, de doctrine périphérique dont les intellectuels européens se gaussaient, l'ultralibéralisme est devenu le système économique de référence. Il s'est souvent déployé de manière messianique avec l'objectif avoué de changer les âmes ; comme le disait si bien Mme Thatcher, « Economics are the method. The object is to change the soul »[97].

Les valeurs individualistes se déploient sans frein si le *cogito* n'est pas complété par l'*ubuntu*. Elles peuvent alors détruire toute notion de solidarité, tout sentiment que l'Autre est comme moi, qu'il peut souffrir comme moi, qu'il a peut-être besoin de moi et de nous. On en a une belle illustration dans le combat que les Républicains américains, et surtout leur marge délirante particulièrement extrême (« the lunatic fringe »), le *Tea Party*, ont mené contre ce qu'ils ont appelé par dérision l'« Obamacare », c'est-à-dire un système de couverture médicale universel inspiré de celui des Européens, mis en place par le Président Barrack Obama, et qui ne fait, selon eux, qu'encourager la paresse et le manque d'initiative. L'argumentaire du *Tea Party*, repris ensuite par le président Donald Trump, est que les nantis ne doivent pas être obligés de payer pour les autres, c'est-à-dire les pauvres (qui sont pauvres parce qu'ils ne travaillent pas) et les vieux (car ils n'avaient qu'à être prévoyants et économiser). Il y a bien un *ubuntu*, mais très étroit, limité à une classe sociale privilégiée, et qui ne correspond en aucun cas à celui de l'ensemble des États-Unis.

En détruisant l'*ubuntu*, l'excès individualiste ne peut que conduire au chaos économique et, à terme, surtout s'il est couplé au communautarisme, à la guerre civile. Il conviendrait

---

[97] *L'économie, c'est la méthode. L'objectif, c'est de changer les âmes* (notre traduction).

de rétablir un juste équilibre entre l'individu et la communauté. On pourrait s'inspirer d'un système économique qui a toujours existé, celui du don. Dans son *Essai sur le don* (1923-1924), Marcel Mauss[98] a mis en évidence la prégnance du don et du contre-don dans toutes les civilisations. L'échange marchand les a progressivement évincés dans notre société, mais ils ont subsisté jusqu'ici sous la forme par exemple des retraites par répartition ou de la sécurité sociale. Pour l'ultralibéralisme cependant, ces reliquats archaïques et réactionnaires doivent rentrer dans le rang.

Il y a là un combat politique à mener sur divers fronts, le front politique, bien sûr, mais aussi les fronts idéologique et culturel. Est-il effectivement mené ? La réponse est largement négative, les termes du problème n'étant pas même présents à l'esprit de nos contemporains.

Une alliée dans ce combat pourrait être l'écologie. En effet, l'homme cartésien décrit dans le chapitre 2 de la première partie est aussi un homme prométhéen. Il se voit, rappelons-le, comme une singularité placée dans un corps par la volonté divine (ou la Nature), qui établit des relations contractuelles avec les autres, fondant ainsi la société. La raison de cette association est la satisfaction de ses besoins économiques : il est plus simple de se répartir la tâche et de commercer avec les autres plutôt que de tout produire soi-même. L'individu entre donc en relation avec les autres pour tirer sa subsistance des ressources naturelles et produire les biens dont il a besoin. A lui d'être créatif et travailleur. L'exploitation sans limites de la nature est ainsi encouragée,

---

[98] Mauss Marcel (1923-1924, 1968), « Essai sur le don. Forme et raison de l'échange dans les sociétés archaïques ». Article originalement publié dans *L'Année Sociologique*, puis dans *Sociologie et anthropologie*. Paris: PUF, 1968

non pour soi-même uniquement, ou pour sa famille, mais pour commercer avec tous. Cela se fait tout à fait légitimement, quitte à provoquer de graves destructions. L'homme ultralibéral s'oppose en cela aux chasseurs-cueilleurs, qui vivent en un *ubuntu* qui s'étend souvent à la nature tout entière, peuplée d'esprits identifiables et identifiés, qui leur donnent le droit de se nourrir en faisant un usage raisonné et raisonnable des ressources naturelles. Là encore, un retour à l'*ubuntu* permettrait de restreindre les excès de l'individualisme.

CHAPITRE 11

L'éducation, les langues et la séparation des générations

Il a été vu dans ce texte que les idées et les connaissances se déposent dans des corpus linguistiques auxquels nous sommes exposés tout au long de notre vie, et pour commencer, lors de notre éducation scolaire et universitaire. Il a été vu aussi, avec l'exemple des protestants et des catholiques en Alsace, que l'exposition à des corpus différents pouvait créer des divergences considérables dans les conceptions du monde des diverses communautés qui constituent une population, et cela même si elles partagent la même langue. Pour réduire les différences, il convient d'exposer tous les enfants scolarisés aux mêmes ensembles de corpus. Cela ne peut se faire en abandonnant l'école à l'initiative privée car les égoïsmes de classe ont vite fait, comme notamment aux États-Unis, en Grande-Bretagne, en Suède, et ailleurs, de produire tout un capharnaüm d'écoles plus ou moins privées où les classes sociales se reproduisent dans l'ignorance les unes des autres et où les diverses ethnies et religions vont inculquer aux enfants des *ubuntus* communautaires.

Programmes scolaires européens

Il faut donc légiférer au niveau de la communauté englobante de référence. A l'heure actuelle, les programmes scolaires sont déterminés par les nations. Si on souhaite créer un *ubuntu* européen, il s'agira d'encourager l'étude de corpus européens, et pas seulement nationaux. Cela posera de nombreux problèmes, et nous ne pouvons les discuter tous ici. Rappelons la proposition faite plus haut de promouvoir l'enseignement d'une histoire européenne diversifiée et de favoriser l'exposition des élèves aux créations artistiques, littéraires et scientifiques européennes.

Il faudrait aussi remettre en place un enseignement des sciences de la nature diversifié pour tenter de renouer avec une tradition européenne ancienne mais quelque peu négligée aujourd'hui. Les sciences sont typiquement un produit du *cogito*, à la fois historiquement et philosophiquement. En effet, c'est Descartes qui a libéré les sciences du carcan de la religion en faisant admettre à la hiérarchie catholique que les concepts mathématiques et logiques sont dans notre esprit par la grâce de Dieu afin que nous puissions comprendre sa création et l'utiliser à notre profit. Ainsi, tout ce qui est vrai en termes logiques et mathématiques est-il vrai du monde, et, selon le point de vue cartésien, en accord avec la volonté divine. L'Eglise n'a ainsi pas à s'en préoccuper. Par ailleurs, le *cogito* est aussi un des fondements philosophiques de la recherche car il favorise les quêtes personnelles comme réponses à l'étonnement que peut susciter l'existence de l'univers et sa complexité. Dans une société avec un *ubuntu* tout puissant, toutes les réponses sont données par la tradition et la religion, et les quêtes personnelles sont découragées. C'est la raison pour laquelle les communautés traditionnelles sont relativement stables d'un point de vue culturel, scientifique et technique.

Enseignement plurilingue *versus* enseignement hégémonique de l'anglais

Créer un *ubuntu* européen demandera la mise en place d'un plurilinguisme véritable, ce qui signifiera, pour commencer, un coup d'arrêt à l'enseignement hégémonique de l'anglais. Une Europe plurilingue, en effet, ne peut se construire sur une seule langue, enseignée en remplacement de toutes les autres.

Les conséquences de l'hégémonie de l'anglais[99] sont en effet extraordinairement négatives[100]. En voici quelques-unes :

- Perte d'intérêt des Européens pour les cultures étrangères. On la perçoit très clairement dans les universités, où les départements de langues et cultures étrangères, y compris consacrés au monde anglophone, ont de moins en moins d'étudiants et sont contraints de fermer leurs portes.

- Perte d'intérêt pour sa propre langue et sa culture, ringardisées par la concurrence avec l'anglais, ressenti comme la langue et la culture de la modernité. Il est symptomatique à cet égard que la néologie commerciale,

---

[99] Ce serait aussi le cas avec n'importe quelle autre langue hégémonique.
[100] Voir notamment Frath Pierre, 2011, « L'enseignement et la recherche doivent continuer de se faire en français dans les universités francophones ». Publié sur les sites de l'*Association des Professeurs de Langues Vivantes* et de l'*Observatoire Européen du Plurilinguisme*. Également dans l'*Atelier du roman*, 2012, Flammarion, Paris.

par exemple les noms de produits et les noms d'entreprises, se fasse dorénavant essentiellement dans un anglais simplifié.

- Perte de terminologie et de domaines lorsque l'enseignement et la recherche se font en anglais. Dans nombre de pays, les personnes éduquées en anglais sont dans l'incapacité de parler de leurs connaissances dans leurs langues maternelles.

- Perte mémorielle. Les bibliographies et les traditions locales ne sont plus transmises aux jeunes générations, ce qui constitue un appauvrissement considérable[101].

- Perte d'autonomie. La recherche est sous la coupe des publications anglo-saxonnes et des intérêts économiques américains. La recherche non-anglophone se met à la remorque de la recherche anglophone, même lorsque celle-ci est notoirement inférieure, comme dans certaines sciences humaines.

- Perte de créativité. Tous les peuples qui ont produit de la science l'ont fait dans leur langue maternelle. Une science en anglais sera coupée de la puissance culturelle et métaphorique des langues locales.

- Perte de positions géostratégiques acquises. Lorsque le monde aura cessé de s'intéresser au français, notre position dans le monde sera très affaiblie. La France sera insignifiante et elle n'aura plus guère d'influence sur la marche du monde.

---

[101] Voir Mocikat Ralph & Dieter Hermann (2014) : « La langue allemande pour la science, quel avenir ? », in *Les Langues Modernes n°1/2014*, dir. P. Frath

Alternatives à l'enseignement hégémonique de l'anglais[102]

Il existe des alternatives à l'hégémonie de l'anglais qui permettraient de créer une Europe véritablement multilingue. En voici quelques-unes :

- Rendre obligatoire l'apprentissage de deux langues au moins dans toute l'Europe, tout au long de la scolarité, en faisant en sorte que l'anglais ne soit pas souvent la 1ère langue vivante et pas toujours la deuxième. Les textes européens mentionnent la nécessité d'enseigner deux langues en plus de la langue nationale, mais ils ne sont pas appliqués dans tous les pays.

- Utilisation des techniques d'intercompréhension des langues voisines, tout à fait au point à l'heure actuelle dans les universités, et qui pourraient être généralisées à l'ensemble des systèmes éducatifs[103]. Il s'agit d'acquérir des compétences de compréhension dans les familles des langues dont on parle déjà un exemplaire. Par exemple, un francophone peut apprendre à comprendre toutes les autres langues latines en une centaine d'heures. Si par surcroît il apprend et maîtrise deux autres langues, par exemple l'allemand et le russe, il peut faire de même avec

---

[102] Voir Frath Pierre, 2008b, « Une alternative au tout anglais en Europe : pourquoi et comment », *Cahiers de l'Institut de Linguistique de Louvain, CILL 32.1-4 (2006), 237-25*.

[103] Voir par exemple Capucho F., Martins A., Degache C. & Tost. M., 2007, *Diálogos em Intercompreensão*. Universidada Católica Editora ou Pierre Escudé & Pierre Janin (2010) : *Le point sur l'intercompréhension, clé du plurilinguisme*. CLE International, Paris. Voir aussi, entre autres, Castagne Eric, 2003, « Comment accéder à l'intercompréhension européenne : quelques pistes inspirées de l'expérience Eurom4 », *Ein Kopf-viele Sprachen : Koexistenz, Interaktion und Vermittlung*, Aachen, Shaker-Verlag, serie « Editions EuroCom », Band 9, pp. 99-107

les autres langues germaniques et slaves. Dans une Europe où ces compétences linguistiques partielles seraient généralisées, la plupart des Européens pourraient parler leurs langues et avoir une bonne chance d'être compris.

- Investissement dans les systèmes éducatifs européens par les pays où on parle des langues moins répandues, comme par exemple le polonais ou le danois. Le Danemark pourrait proposer sa langue dans les écoles de diverses régions européennes en en finançant les enseignants, et ensuite encourager les jeunes à venir étudier au Danemark en leur octroyant des bourses d'études. Évidemment, cela n'a de sens que si les Danois n'abandonnent pas leur langue au profit de l'anglais à l'université.

Ce ne sont là que quelques idées, d'ailleurs bien connues ; il y en a beaucoup d'autres. Nous les donnons pour montrer au lecteur que rien n'est jamais figé, qu'on peut toujours imaginer autre chose, que ce que nous pensons être inéluctable n'est le plus souvent que conformisme et acceptation grégaire de ce que tout le monde dit.

Crise de la didactique et des sciences de l'éducation

Dans son texte sur « La crise de l'éducation »[104], extrait de *La crise de la culture*[105] (1961, 1968), Hannah Arendt analyse les dysfonctionnements du système éducatif américain de son époque. Certains d'entre eux sont désormais reconnaissables aussi en Europe et dans d'autres parties du monde ; on peut ainsi supposer qu'il s'agit là d'une crise de civilisation.

---

[104] Arendt Hannah, 1961, 1972, 2007, *La crise de l'Éducation*, Folioplus, Gallimard, Paris.
[105] Arendt Hannah, 1961, 1972, *La crise de la Culture*, Folio essais, Gallimard, Paris.

Hannah Arendt part du constat que le niveau baisse et que « le petit John ne sait pas lire »[106]. Pourquoi ? Elle identifie trois raisons, une d'ordre anthropologique et deux d'ordre pédagogique. Commençons par ces dernières. Hannah Arendt regrette que « la pédagogie [soit] devenue une science de l'enseignement en général, au point de s'affranchir complètement de la matière à enseigner »[107]. Ce qui compte dans la formation des maîtres, c'est moins le contenu disciplinaire que les compétences pédagogiques. Il s'ensuit une perte d'autorité du professeur, qui ne peut plus s'appuyer sur le prestige que lui donnerait sa connaissance approfondie de la discipline qu'il enseigne. La seconde raison pédagogique négative, selon Hannah Arendt, est que l'école a tendance « à substituer, autant que possible, le faire à l'apprendre »[108]. « L'intention avouée n'[est] pas d'enseigner un savoir, mais d'inculquer un savoir-faire »[109].

Cette description correspond effectivement à la situation qui prévaut outre-Atlantique depuis cette époque. Elle ne fait que commencer à s'installer dans le système éducatif français, où les concours tels que le CAPES et l'Agrégation ont jusqu'ici privilégié les contenus disciplinaires dans la formation des maîtres. Cependant, dans ces concours, l'accent est de plus en plus mis sur les épreuves professionnelles et didactiques. Cela part d'un bon sentiment, préparer les étudiants à l'accomplissement de leurs tâches futures, mais a pour effet d'installer dans les esprits une doxa pédagogique dont on ne connaît pas les effets à long terme. Pour l'instant la formation disciplinaire reste importante, mais la situation

---

[106] Arendt 2007, page 8.
[107] Arendt 2007, page 18.
[108] Arendt 2007, page 18.
[109] Arendt 2007, page 19.

pourrait changer rapidement si les concours étaient finalement supprimés. Dans ce cas, il n'y aurait plus de garantie d'homogénéité du niveau des enseignants à travers le pays comme c'est le cas actuellement grâce aux concours. Les étudiants français qui se destineraient au professorat passeraient des masters d'enseignement qui leur donneraient accès directement à des postes d'enseignement dans les écoles, où ils seraient recrutés par les chefs d'établissement, comme dans la plupart des autres pays. Notre système éducatif républicain serait alors bien différent de celui que nous connaissons aujourd'hui, et il est effectivement à craindre qu'il n'engendre une baisse du niveau des enseignants, et donc à terme, de celui des élèves.

Il convient cependant de résister à la tentation de donner trop d'importance à cette critique d'Hannah Arendt. L'opposition culture / pédagogie est une antienne qu'entonnent régulièrement les tenants d'une pédagogie traditionnelle centrée sur l'enseignant. Il n'y a pas de raison de croire que l'école était plus efficace avant l'introduction d'une pédagogie où la part du faire et du savoir-faire s'est accrue. Par ailleurs, Hannah Arendt n'analyse pas les causes de ces changements pédagogiques, qui ne sont pas toujours dus à des caprices de l'administration, à la « mis[e] à l'écart [de] toutes les règles du bon sens »[110], ou à un complot pour ruiner l'école publique. Les modifications mises en œuvre sont avant tout des tentatives, maladroites souvent, pour résoudre des problèmes posés par la démocratisation de l'école ces soixante dernières années. Il est sûr que nombre d'erreurs ont été commises, mais il est sûr aussi que l'école qui n'accueillait que les enfants de la bourgeoisie et quelques boursiers « méritants » n'était pas en mesure de proposer une

---

[110] Arendt 2007, page 14.

formation convenable à ces nouveaux publics, issus de classes sociales où l'on n'avait pas la culture du travail scolaire. Tout compte fait, il faut le reconnaître, les systèmes éducatifs des pays développés fonctionnent plutôt bien, compte tenu des difficultés, même s'ils sont tout à fait perfectibles. Ils parviennent dans l'ensemble à former les jeunes pour qu'ils puissent vivre et travailler dans le monde actuel.

Crise de notre conception de l'éducation et de l'enfance

La troisième critique d'Hannah Arendt est beaucoup plus profonde car elle concerne notre attitude vis-à-vis des enfants et des adolescents, qui n'est pas sans conséquences sur la vie sociale.

« Le pathos de la nouveauté »

Il y a tout d'abord ce qu'elle appelle « ... l'illusion provenant du pathos de la nouveauté »[111]. Et effectivement, c'est devenu un cliché de dire que le monde va de plus en plus vite, que la technologie bouleverse nos modes de vie, que les enfants devront s'adapter et être prêts à changer de carrière plusieurs fois au cours de leur vie, qu'ils auront des métiers qui n'existent pas encore au moment où ils sont formés, etc. Si l'on en croit les agences de publicité et la presse grand public, surtout anglo-saxonne, comme « The Economist » ou « Time Magazine », nous entrons dans un monde passionnant où tout est possible, où l'aventure et la richesse sont au coin de la rue pour peu que l'on sache saisir les « opportunités ». Place aux non-conformistes qui savent vivre leurs passions personnelles et se réaliser dans un monde irénique riche de toutes les

---

[111] Arendt 2007, page 13.

possibilités[112]. En somme, le bonheur et la richesse sont les produits d'un *cogito* bien mené.

Ce discours lénifiant résonne avec le type de pédagogie critiqué par Hannah Arendt : il faut former, non à des contenus, qui seront caducs demain, mais à des méthodes. En un mot, il s'agit d'« apprendre à apprendre ». Ce mot d'ordre est le *nec plus ultra* de la didactique depuis une trentaine d'années, et il a effectivement servi à justifier l'abandon du savoir au profit des savoir-faire et de l'apprendre au profit du faire. Le corpus didactique sur l'« apprendre à apprendre » est énorme, et il est tellement bien installé dans le discours pédagogique qu'il n'est guère critiqué. Il est donc vrai. Or, il n'est, à proprement parler, qu'une platitude auto-évidente : qui pourrait affirmer qu'il ne faut pas apprendre à apprendre ? En réalité, c'est une sorte de slogan réducteur, et finalement vide de sens, car il ne peut être contredit.

Selon Hannah Arendt, en plus de la perte d'autorité des enseignants causée par une formation insuffisante en termes de contenus, il s'installe aussi l'idée que le monde étant nouveau, il ne sert à rien d'enseigner le monde « ancien ». « C'est comme si, dit Hannah Arendt, chaque jour, les parents disaient : 'En ce monde, nous ne sommes plus en sécurité chez nous ; comment s'y mouvoir, que savoir, quel bagage acquérir sont pour nous aussi des mystères. Vous devez essayer de faire de votre mieux pour vous en tirer ; de toute façon vous

---

[112] Voir par exemple la campagne de publicité pour la banque britannique HSBC en 2013. Les slogans principaux sont « Demain est plein d'opportunités », « Rien ne ressemble à demain », « Demain, les investisseurs seront des explorateurs », « Dans le futur, tous les marchés auront émergé », « Dans le futur, même la plus petite entreprise sera multinationale », « Dans le futur, nature et technologie travailleront ensemble ». Etc.

n'avez pas de comptes à nous demander. Nous sommes innocents, nous nous lavons les mains de votre sort' ».

Du coup, il se produit un arrêt de la transmission des savoirs et de la tradition entre les générations. On pense délivrer les enfants du poids du passé, mais en réalité, au lieu de favoriser le changement, on déstabilise les enfants, sommés de créer du neuf sans avoir de points de repères. Or, dit Hannah Arendt, « c'est justement pour préserver ce qui est neuf et révolutionnaire dans chaque enfant que l'éducation doit être conservatrice ; elle doit protéger cette nouveauté et l'introduire comme un ferment nouveau dans un monde déjà vieux qui, si révolutionnaires que puissent être ses actes, est, du point de vue de la génération suivante, suranné et proche de la ruine »[113]. Et effectivement, on ne peut pas faire du neuf si on ne connaît pas l'ancien ; d'ailleurs cela n'aurait pas de sens.

« Cependant, ajoute Hannah Arendt, avec la conception et la naissance, les parents n'ont pas seulement donné la vie à leurs enfants ; ils les ont en même temps introduits dans un monde. En les éduquant, ils assument la responsabilité de la vie et du développement de l'enfant, mais aussi celle de la continuité du monde. Ces deux responsabilités ne coïncident aucunement et peuvent même entrer en conflit. En un certain sens, cette responsabilité du développement de l'enfant va contre le monde : l'enfant a besoin tout particulièrement d'être protégé et soigné pour éviter que le monde puisse le détruire. Mais ce monde aussi a besoin d'une protection qui l'empêche d'être dévasté et détruit par la vague des nouveaux venus qui déferle sur lui à chaque nouvelle génération »[114].

---

[113] Arendt 2007, page 32.
[114] Arendt 2007, page 24.

Les enfants séparés des adultes

Hannah Arendt décrit également un phénomène né outre-Atlantique et qu'on a vu se répandre ailleurs, celui de la séparation des adultes et des enfants. Puisque tout est constamment nouveau, il est normal, pense-t-on, que les valeurs et les comportements des adultes et des enfants ne correspondent pas. Il faut donc libérer ces derniers de la tutelle rétrograde de leurs parents. Les enfants sont invités à créer des *ubuntus* de jeunes, et ce phénomène culmine à l'adolescence, période durant laquelle les jeunes se distinguent des adultes, souvent de manière spectaculaire, par les vêtements, le maquillage, la coiffure, les goûts, notamment musicaux, les comportements, le langage, etc. Ce phénomène était inexistant avant la guerre : il ne s'est mis en place qu'à partir des années cinquante, et les parents actuels, l'ayant eux-mêmes vécu, trouvent normal que les jeunes vivent provisoirement dans un autre monde qu'eux. Cependant, dit Hannah Arendt, les conséquences de cette séparation sont très négatives.

> « Affranchi de l'autorité des adultes, l'enfant n'a [...] pas été libéré, mais soumis à une autorité bien plus effrayante et vraiment tyrannique : la tyrannie de la majorité. En tout cas, il en résulte que les enfants ont été pour ainsi dire bannis du monde des adultes. Ils sont soit livrés à eux-mêmes, soit livrés à la tyrannie de leur groupe, contre lequel, du fait de sa supériorité numérique, ils ne peuvent se révolter, avec lequel, étant enfants, ils ne peuvent discuter, et duquel ils ne peuvent s'échapper pour aucun autre monde, car le monde des adultes leur est fermé. Les enfants ont tendance à réagir à cette contrainte soit par le conformisme, soit par la délinquance juvénile, et souvent par un mélange des deux »[115].

---

[115] Arendt 2007, page 18.

Cette analyse d'Hannah Arendt est remarquablement prémonitoire. Et puisqu'il y a séparation, il est normal que les activités des enfants et des adultes soit différentes : ces derniers travaillent tandis que les premiers jouent. C'est ce qui explique l'idée très répandue que les activités scolaires doivent être ludiques, et que si elles ne le sont pas assez, il ne faut pas s'étonner que les enfants ne soient pas intéressés ou motivés par l'école. Or, pour Hannah Arendt[116], « ce qui précisément devrait préparer l'enfant au monde des adultes, l'habitude acquise peu à peu de travailler au lieu de jouer est supprimée au profit de l'autonomie du monde de l'enfance ».

Il s'ajoute à cette culture d'une jeunesse séparée des adultes la perte de la vie privée. Là encore, le texte de Hannah Arendt est remarquablement prémonitoire car il anticipe les effets négatifs des réseaux sociaux.

> « Plus la société moderne supprime la différence entre ce qui est privé et ce qui est public, dit-elle, entre ce qui ne peut s'épanouir qu'à l'ombre et ce qui demande à être montré à tous dans la pleine lumière du monde public, autrement dit plus la société intercale entre le public et le privé une sphère sociale où le privé est rendu public et vice versa, plus elle rend les choses difficiles à ses enfants qui par nature ont besoin d'un abri sûr pour grandir sans être dérangés »[117].

Pour résumer, la crise de l'éducation telle que la voit Hannah Arendt est due en grande partie à une croyance en l'obsolescence ontologique du monde dans lequel nous vivons, ce qui justifie l'accent mis à l'école sur les savoir-faire, car à quoi bon acquérir des connaissances si leur

---

[116] Arendt 2007, pages 20-21.
[117] Arendt 2007, page 26-27.

péremption est déjà inscrite à l'horizon de la présente génération.

CHAPITRE 12

L'éthique et la question des mutilations sexuelles

> « La métaphysique ne dépasse [...] pas réellement l'expérience ; elle ne fait que nous ouvrir la véritable **intelligence du monde**[118] qui s'y révèle ».
>
> (A. Schopenhauer, *Sur le besoin métaphysique de l'humanité*)[119]

S'il est un domaine où les divers *ubuntus* peuvent entrer en conflit, c'est bien celui de l'éthique. Comment devons-nous réagir face à certaines pratiques en vigueur dans d'autres communautés ? Par exemple, devons-nous condamner l'assujettissement des femmes dans le monde musulman ? Mais alors, au nom de quoi ? Ou bien devons-nous l'accepter au nom du respect dû aux autres cultures, même si nous les ressentons comme immorales ? Plus généralement, qu'est-ce que le Bien et le Mal ?

---

[118] C'est nous qui mettons en gras.
[119] Arthur Schopenhauer, *Sur le besoin métaphysique de l'humanité*, traduit de l'allemand par Auguste Burdeau, Mille et une nuits, 2010, pages 6-9.

Pour illustrer la question, nous allons examiner un cas tout à fait frappant, et même choquant, celui des mutilations génitales infligées aux fillettes dans l'Est africain : à Djibouti, en Somalie, dans certaines parties de l'Éthiopie, au Soudan, au Yémen, et ailleurs. Rappelons qu'il en existe deux sortes principales : la moins mutilante est l'excision, c'est-à-dire l'ablation du clitoris ; la plus grave est l'infibulation, c'est-à-dire, en plus de l'excision, l'ablation des petites lèvres et la couture des grandes lèvres, laissant juste un passage pour les écoulements vaginaux. L'opération est pratiquée par une matrone sur les filles vers huit ans, à l'aide de moyens de fortune (couteau, lame de rasoir,...), sans anesthésie. Elle provoque de grandes douleurs, et entraîne souvent des infections et des complications uro-génitales, parfois mortelles. Lorsque la jeune fille se marie, l'« ouverture » du vagin lors de la nuit de noce est traditionnellement pratiquée par le mari à l'aide d'un couteau. Inutile de dire que l'acte sexuel est une épreuve douloureuse pour les femmes, qui en réduisent la fréquence au minimum, à juste ce qui est nécessaire pour avoir des enfants. Il s'ensuit une grande frustration chez les femmes comme chez les hommes.

Les habitants de la région pensent souvent que l'excision et l'infibulation sont des obligations inscrites dans la tradition musulmane, mais c'est faux : ces pratiques sont beaucoup plus anciennes et le Coran ne les mentionne pas. Mais pourquoi se pérennisent-elles ? Lorsque que j'enseignais le français à Djibouti, je proposais à mes élèves de faire des exposés sur un sujet de leur choix ; dans certaines classes post-baccalauréat entièrement féminines, le sujet des mutilations sexuelles était régulièrement abordé, plusieurs fois par an, signe sans doute qu'il s'agissait d'un sujet qui leur tenait à cœur. C'est ainsi qu'à l'occasion des débats qui suivaient les exposés j'ai pu entendre comment les jeunes femmes perçoivent leur propre cas et ce qu'elles en disent entre elles. Mes élèves étaient originaires des trois ethnies principales qui composent la population de Djibouti : les Somalies et les Afares étaient infibulées et les Yéménites étaient seulement excisées. Elles n'étaient pas hostiles à l'opération, même si elles avaient beaucoup souffert, et elles assuraient qu'elles la feraient pratiquer sur leurs filles le moment venu. Elles la justifiaient par la tradition et par la nécessité de trouver un mari. Il semble qu'épouser une Africaine « ouverte », comme on dit à Djibouti à propos des femmes non infibulées, soit déshonorant pour les hommes parce qu'elle ne présenterait pas de garantie de virginité. Elles avançaient aussi une troisième raison : les femmes africaines auraient plus de tempérament que les autres, et les mutilations auraient pour justification la nécessité de freiner leur libido. Il s'agirait en particulier de garantir leur fidélité en contrôlant leur désir. Mais en l'occurrence, j'avais l'impression que mes élèves djiboutiennes inversaient plutôt les causes et les conséquences. En l'absence de clitoris, les tensions sexuelles ne peuvent être aisément satisfaites, et il est alors tentant pour les jeunes femmes d'interpréter l'état de désir permanent qui les affecte comme une caractéristique ethnique finalement assez flatteuse.

Les Occidentaux ressentent ces mutilations comme profondément choquantes et immorales. Elles sont officiellement condamnées, mais tolérées, même dans notre pays : les parents de fillettes mutilées ne vont pas en prison. Comment pouvons-nous réagir ? Que serait une « bonne » attitude face à ces problèmes ?

Notre première réaction, c'est de condamner ces pratiques. Mais n'est-il pas quelque peu arrogant de porter jugement sur les coutumes des autres peuples, surtout ceux qui ont subi notre joug colonial ? Après tout, qui sommes-nous pour faire la leçon aux autres ? Dans ce cas, ne vaut-il pas mieux accepter les différences sans les condamner ? Cet argument repose sur une vision réductionniste extrêmement courante en anthropologie, surtout dans les pays anglo-saxons, selon laquelle les sociétés sécrètent tout à fait naturellement des règles morales qui régulent les comportements des individus, et elles n'ont dès lors aucune valeur éthique générale. Qui peut alors dire que les nôtres sont supérieures ? Ce point de vue mène droit au relativisme, considéré comme respectueux de la diversité par ses partisans. Mais il peut nous transformer en observateurs passifs, ce qui peut rapidement aboutir à des dilemmes moraux insoutenables. Par exemple, quel doit être l'attitude d'un médecin dans la Corne de l'Afrique face aux graves pathologies causées par les mutilations ? Doit-il laisser faire les matrones et mettre les fillettes en danger ? Ou bien doit-il y procéder lui-même à la demande des familles pour que l'opération se fasse dans de bonnes conditions d'hygiène ? Autre exemple : comment une féministe qui se bat pour la libération des femmes peut-elle accepter leur assujettissement dans les pays musulmans ? Peut-elle admettre que l'égalité des hommes et des femmes soit relatif, c'est-à-dire dans la dépendance des cultures ?

L'alternative au relativisme, c'est la référence à des valeurs universelles qui permettent la condamnation de ces pratiques. Elles furent autrefois incarnées par la religion chrétienne, au nom de laquelle on força les « sauvages » à s'habiller, à rejeter la polygamie, à abandonner leurs croyances ancestrales, etc. Mais le christianisme n'a plus l'autorité pour imposer ses valeurs. Il est remplacé aujourd'hui par les Droits de l'Homme, qui entendent formuler ce qui est considéré comme « bon » par l'humanité toute entière. En réalité, ainsi que le montre Flahault dans un de ses livres[120], il s'agit de valeurs occidentales profondément ancrées dans le christianisme, la tradition issue des Lumières et la conception américaine de l'économie. Rien d'universel donc. Il y manque notamment la notion de devoir, extrêmement importante dans bien des cultures. Par exemple, nous estimons qu'un enfant possède un *droit* à l'éducation ; en Asie, on considère souvent que l'enfant qui vient au monde encourt une *dette* envers sa famille et sa communauté, qu'il devra « rembourser ». Il y parviendra en respectant ses parents, en s'occupant d'eux dans leur vieil âge et en élevant correctement ses enfants à venir. Pour préparer cela, il doit s'engager de toutes ses forces dans son éducation. Conséquence : les enfants mettent à profit les systèmes éducatifs dès qu'ils en ont l'occasion, et obtiennent souvent d'excellents résultats, non pour eux-mêmes mais par respect pour leurs familles et leurs communautés. En Europe, en revanche, le droit à l'éducation est souvent délaissé par ceux qui pourraient en profiter le plus, notamment dans les classes populaires, car refuser un droit est une forme de révolte contre ceux qui l'octroient. Cette attitude autodestructrice joue sans doute un rôle non négligeable dans la persistance l'échec scolaire, qui résiste fermement aux efforts consentis par l'école pour l'éradiquer.

Clairement, il n'y a pas de réponse facile au dilemme qui se pose à notre médecin dans la Corne de l'Afrique. Et pourtant, l'exposition du problème, ainsi que nous venons de le faire, a ajouté quelque chose à nos connaissances, nous semble-t-il, en en révélant toute la complexité éthique. Car

---

[120] François Flahault, 2011, *Où est passé le bien commun ?* Mille et une nuits, Paris.

c'est par la parole et le discours que se résolvent les grandes questions éthiques. L'esclavage a été aboli après plus de cent ans d'une lutte finalement victorieuse grâce à un patient travail de sape et de propagande par les groupes anti-esclavagistes, et notamment les Quakers à partir de 1727. Avant eux, une discussion théologique entre le dominicain Bartolomé de Las Casas et le théologien Juan Ginés de Sepúlveda, appelée la controverse de Valladolid (1550-1551), avait eu pour effet de protéger les Indiens de certains excès de la colonisation, et notamment de l'esclavage. L'effet pervers de la controverse fut le développement de l'esclavage des Africains, ensuite combattu par les Quakers et d'autres associations anti-esclavagistes, et finalement aboli au Danemark en 1792, en Grande-Bretagne en 1807, en France en 1848[121], et dans les autres pays par la suite.

Il en est allé de même avec l'abolition de la peine de mort, le vote des femmes, ou les droits syndicaux. Lorsqu'un corpus se développe et se répand dans la population, les arguments sont présents à l'esprit de tous, et chacun sait de quoi il retourne. Ce n'est pas le cas des mutilations génitales, qui n'apparaissent que rarement dans le débat public en Afrique. Il y a différentes raisons à cette *omerta* : le désir de maintenir la tradition, la pudeur des hommes et des femmes, la crainte d'être condamné moralement par les occidentaux, la honte de laisser perdurer ces pratiques, le fait d'avoir été complice de la mutilation de ses propres filles, etc. Le seul corpus qui compte alors est celui de la tradition.

Pour le combattre, il faut en construire un autre plus convaincant en face de lui. C'est lors de ce processus que la métaphysique prend tout son sens, car comme le dit Schopenhauer, elle nous ouvre à « la véritable intelligence du

---

[121] Sous l'impulsion de Victor Schoelcher.

monde ». Aucune connaissance « scientifique » n'a été formulée, mais la complexité du problème s'est révélée à nos yeux. L'« intelligence du monde » peut dorénavant guider notre action, par exemple en relativisant l'action en fonction des situations. Notre médecin devrait bien évidemment participer activement à des campagnes d'information contre les mutilations, augmentant ainsi le corpus de discours qui s'oppose à ces pratiques. Mais il pourrait envisager de pratiquer lui-même l'opération si l'alternative est la souffrance, la maladie, voire la mort pour la fillette. En l'occurrence, il pourrait pratiquer une opération extrêmement superficielle qui puisse par la suite être partiellement réversible. On sait que le clitoris n'est que la partie externe d'un organe qui a des prolongements internes le long de la paroi du vagin, et qui forment notamment le point-G, selon certains travaux. Une excision seulement superficielle pourrait permettre de reformer ultérieurement le clitoris à partir de sa partie interne[122]. Si le médecin agit à la demande des familles, cela ne devra pas être sans une discussion approfondie sur les conséquences néfastes de l'opération et son inutilité fondamentale, ni sans avoir tenté de les en dissuader. Il devra placer son action dans le long terme, dans l'espoir que le corpus anti-mutilations finira par s'imposer à la population.

Il ne s'agit en aucun cas de procéder aux mutilations en milieu hospitalier de manière routinière afin d'augmenter le niveau d'hygiène et le « confort » des fillettes. Une telle banalisation aurait certes l'avantage de diminuer le nombre des complications médicales, mais le problème éthique resterait entier. C'est ce que n'ont pas compris un couple de gynécologues de Cleveland, aux États-Unis, qui ont publié

---

[122] Voir à ce sujet l'excellent documentaire réalisé et écrit par Nathalie Amsellem et Mireille Darc, *Excision : le plaisir coupable.*

dans le *Journal of Medical Ethics* un article où ils se déclarent favorables à des excisions « minimalistes », permettant de « préserver les traditions culturelles et religieuses »[123] des immigrants. Ces pratiques sont interdites aux États-Unis depuis 1997, ce que regrettent les deux gynécologues car les mutilations font partie, selon eux, de ces « interventions [qui] devraient être tolérées par des sociétés libérales ». Mais leur prise de position ne va pas sans quelques manipulations sémantiques : les mutilations sont minimisées en « altérations génitales », signe sans doute que l'aspect éthique de la question ne leur échappe pas. Il semblerait que le « marché » de l'excision aux États-Unis représenterait quelque 150 000 à 200 000 jeunes filles. L'objectif n'est ainsi pas l'élimination de la pratique, mais bel et bien sa marchandisation, et donc son développement. Une telle libéralisation ne produirait pas de corpus anti-mutilations ; au contraire, elle s'intégrerait parfaitement à la cupidité capitaliste, et on pourrait même imaginer des campagnes publicitaires auprès des populations concernées.

---

[123] Informations relevées dans un article de Gérard Biard dans *Charlie-Hebdo* n° 1232 du 2 mars 2016.

CHAPITRE 13

Sauvegarder les cultures grâce aux langues

Dans le chapitre précédent, il s'agissait de savoir comment
faire disparaître un élément d'un *ubuntu* local en raison de sa
profonde contradiction avec un *ubuntu* planétaire englobant.
Mais les cultures locales doivent-elle se fondre
totalement dans la culture globale ? Il est sûr que les
Djiboutiens voudront conserver des aspects de leur culture,
mais comment faire ? Cette question se pose à l'ensemble des
peuples au contact avec l'*ubuntu* global du monde moderne
qui se met en place partout, même dans les parties les plus
isolées de la planète. Les Esquimaux, les Pygmées, les
Aborigènes d'Australie, les Kanaks de Nouvelle-Calédonie,
les Indiens du Matto Grosso au Brésil, les Samos du Burkina
Fasso évoqués dans le premier chapitre, et bien d'autres
peuples y sont confrontés. Doivent-ils se fondre dans un
monde nouveau dans lequel ils risqueront de perdre leur
langue et leur culture et qui va probablement les reléguer à ses
marges, provoquant des troubles sociaux et psychologiques
considérables ? Ou bien faut-il préserver leur culture et les
encourager à continuer de vivre de manière traditionnelle,

même si cela signifie une espérance de vie moindre, une mortalité infantile élevée, un accès difficile à l'éducation et aux soins modernes ? Si rien n'est fait, ils disparaîtront en tant que cultures ; si on agit, dans quel sens faut-il aller ?

Disons avant de poursuivre que ces situations d'acculturation massive ne datent pas d'aujourd'hui. Chaque fois qu'il y a eu des contacts de civilisations, des pertes parfois importantes ont eu lieu. Les Gaulois se sont volontairement transformés en Gallo-romains en l'espace d'un ou deux siècles, à commencer par leurs élites, même si des poches celtiques isolées ont survécu pendant encore quelques siècles[124]. Au XIXe et au XXe siècle, les régions de France ont abandonné l'essentiel de leurs cultures locales au profit d'une allégeance et d'une identification à une culture englobante prestigieuse. Il en a été de même ailleurs en Europe et dans le monde à travers l'histoire, en Afrique du Nord lors des conquêtes arabes, dans les Amériques et en Afrique lors des conquêtes coloniales, en Sibérie après l'expansion vers l'Est des Russes à partir du règne d'Ivan le Terrible, etc.

Il s'agit donc d'un phénomène banal. Pourtant des cultures locales ont survécu à la confrontation et ont même prospéré. C'est le cas du Japon, qui s'est volontairement modernisé à partir de 1868, une période appelée la Restauration de l'Ère Meiji. Il a acquis certains aspects de la culture occidentale, mais il a persévéré dans son être au point de continuer à produire des œuvres immenses en littérature, en peinture, au cinéma, etc.

---

[124] Mais pas plus en Bretagne qu'ailleurs : cette partie de la Gaule avait été romanisée en même temps que les autres provinces gauloises ; les Bretons actuels sont les descendants des Gaulois et des Celtes du Pays de Galles et de Cornouailles qui ont émigré en Bretagne devant la poussée des envahisseurs saxons en Grande-Bretagne au VIIe siècle.

Qu'est-ce qui différencie le cas du Japon de ceux d'autres peuples acculturés, en Afrique par exemple ? C'est le maintien de la langue. Tant qu'un peuple parle sa langue dans tous les domaines de son expérience collective, il est en mesure de développer son génie propre. Rappelons que ce sont les corpus d'usages qui transmettent les idées et les connaissances. L'abandon d'une langue génère d'abord la perte de ses propres corpus et son remplacement par un corpus imité d'une autre culture dans une autre langue, mal maîtrisée. Si les Gaulois avaient conservé leur langue et leur culture celtique, leur devenir historique aurait été bien différent. Les Celtes ont dominé l'Europe centrale et occidentale à partir du IXe siècle av. J.C. et leur civilisation était riche et puissante. Mais ils n'ont jamais constitué d'unités politiques centralisées sur de grandes aires géographiques comme ce fut le cas de Rome. Par ailleurs, comme l'écriture était rejetée pour des raisons religieuses, il n'y eut pas d'accumulation de corpus de textes écrits comme en Grèce, à Rome, ou dans d'autres parties du monde. L'oubli total d'une culture orale est très rapide. Celle des Gaulois s'est effondrée après la conquête de la Gaule par Jules César, tout comme celle des Celtes d'Europe centrale sous les coups de boutoir des envahisseurs germains. Ils ne subsistèrent que dans les confins des Îles Britanniques, et par la suite, en Bretagne.

Lorsqu'une population acculturée finit par dominer l'expression dans sa nouvelle langue, et si les conditions historiques le permettent, un nouveau développement est possible. C'est ce qui s'est passé sur le territoire qui allait devenir la France. Il se trouve que le bas-latin des Gallo-romains du centre de la France s'est transformé quelque mille ans plus tard en une langue prestigieuse et riche d'une culture toute nouvelle, le français. Mais un tel destin est plutôt rare.

D'autres parlers en Europe, notamment les autres langues d'oïl et la plupart des langues d'oc ont périclité et disparu corps et biens. Il n'y a donc aucune garantie de survie en tant que culture lors d'une confrontation avec une civilisation plus puissante.

Il est à craindre que la disparition ne soit le sort qui attende les cultures africaines. Pour qu'elles puissent se maintenir, il faudrait donner une chance aux langues locales en les utilisant dans l'éducation à tous les niveaux, de l'école primaire à l'université afin que leurs locuteurs puissent exprimer toutes leurs connaissances dans leur langue et en produire d'autres, développant ainsi des corpus d'usage qui contiendront leur nouvelle culture, liée à celle du passé. Il leur faudra aussi apprendre les grandes langues de culture, comme l'anglais et le français, ne serait-ce que pour enrichir la leur. Au bout de quelques générations, la nouvelle langue locale serait tout à fait différente de la langue de départ ; elle aurait été modifiée par le nouveau contexte économique et culturel du peuple qui la parle, et elle aurait été enrichie par l'invention de mots nouveaux et par des emprunts aux grandes langues de culture. A terme, le monde comprendrait alors une multitude de cultures suffisamment assurées pour être capables de communiquer entre elles grâce à des *lingua franca* (dont l'anglais) et la maîtrise d'autres langues, en particulier celles des voisins immédiats.

Malheureusement, l'Afrique ne prend pas ce chemin, et la situation n'est pas meilleure dans d'autres parties du globe. Dans les prochaines décennies, nous assisterons sans doute à la disparition massive de plus de 90% des six à sept mille langues encore actuellement parlées. Il y a là matière à réflexion, et il y a des décisions à prendre. Le ferons-nous ?

Comment sauvegarder les cultures minoritaires dans ce monde qui se globalise inéluctablement ? Ce problème ne touche pas seulement les peuples isolés de chasseurs-cueilleurs, comme les Indiens d'Amazonie, ou de paysans utilisant les mêmes techniques qu'au néolithique, comme certaines tribus en Afrique ; il concerne aussi les pays non-anglophones face au déferlement de la langue anglaise et des présupposés culturels qu'elle véhicule, souvent néfastes comme c'est le cas de la conception ultralibérale de l'économie. Mais la situation est bien plus grave pour les peuples isolés. Comment les aider à sortir du dilemme entre la préservation d'un mode de vie ancestral et la disparition pure et simple ?

Il faut les aider à mettre en place les structures qui leur permettront de s'adapter et de contribuer à l'*ubuntu* global en faisant évoluer leurs cultures et leurs langues. La pièce essentielle du dispositif de sauvegarde est nécessairement l'école. Il faut donc de toute urgence mettre en place les structures éducatives adéquates, et, pour les langues non encore écrites, construire l'appareil linguistique et pédagogique nécessaire : dictionnaires, grammaires, anthologies, manuels d'apprentissage, création d'une terminologie scientifique et technique, etc. Pour cela, l'aide internationale est sans doute nécessaire. L'OIF (*Organisation Internationale de la Francophonie*) et d'autres organismes se sont engagés dans cette voie[125], mais l'effort est encore timide et très localisé.

---

[125] Il s'agit du projet ELAN-Afrique (*Écoles et langues nationales en Afrique*) mené depuis 2012 par l'OIF (*Organisation internationale de la francophonie*) avec l'AFD (*Agence française du développement*), l'AUF (*Agence universitaire de la francophonie*) et le MAEE (*Ministère des affaires étrangères et européennes*), en collaboration avec les ministères

La clé de la sauvegarde est ainsi le maintien de la langue, et cette nécessité est tout aussi valable pour les populations immigrées. Les djihadistes issus de notre *ubuntu* francophone parlent très mal la langue arabe et très peu savent la lire avec facilité. En Syrie, ils communiquent entre eux en français et ils sont honnis des populations locales en raison de leur jusqu'au-boutisme irresponsable. Ils sont pratiquement incultes, aussi bien en ce qui concerne les cultures des pays d'accueil que celle dont ils sont issus, la très riche et très ancienne culture arabo-musulmane. L'apprentissage de la langue arabe dans les écoles de la République leur aurait permis de s'initier à cette culture, de lire eux-mêmes le Coran et l'appareil exégétique qui l'accompagne. Ils auraient ainsi eu une chance de percevoir la manipulation des salafistes et des recruteurs pour le djihad.

Au lieu de cela, le multiculturalisme et le communautarisme ont entériné une conception identitaire extrêmement superficielle qui promeut l'identification à une Oumma fantasmatique qui n'existe nulle part dans le monde musulman et qui se manifeste par un discours simpliste et parfois criminel, en tout cas peu adapté aux pays dans lesquels vivent les musulmans immigrés. Il impose tout un kitsch vestimentaire inconnu au Maghreb, dont sont originaires la

---

de l'Éducation Nationale locaux. Il concerne huit pays africains (Bénin, Burkina Faso, Burundi, Cameroun, Mali, Niger, République Démocratique du Congo, Sénégal) et « vise la promotion et l'introduction progressive de l'enseignement bilingue au primaire articulant une langue africaine et la langue française ». L'idée est d'enseigner l'enfant dans sa langue maternelle, « ou du moins dans une langue qu'il comprend » et de se servir des compétences acquises dans cette langue pour l'apprentissage du français. On en attend de meilleurs résultats tant dans la langue maternelle que dans l'apprentissage du français, et il semble que les premiers résultats soient prometteurs.

plupart des musulmans francophones, et dont le rôle est de marquer une différence par rapport aux pays d'accueil et ainsi de les isoler, ce qui permettra toutes sortes de manipulations.

Combien plus intéressante serait une population arabophone connaissant bien sa culture d'origine et les pays d'où viennent leurs parents et grands-parents ! Elle constituerait un enrichissement considérable pour l'*ubuntu* d'accueil, auquel elle pourrait intégrer de nouvelles perspectives, inconnues où négligées jusqu'ici. Inversement, une population éduquée à la fois en arabe et en français pourrait aider les pays musulmans à sortir du marasme culturel et politique dans lequel ils stagnent depuis des décennies.

C'est donc bien par le maintien et le développement des langues que les peuples acculturés pourraient échapper à la disparation de leurs cultures et que les descendants des immigrants pourraient contribuer au renouvellement nécessaire de la culture d'accueil. Au lieu d'opposer un *ubuntu* fantasmatique et provocateur à celui du pays d'accueil, il faudrait encourager le *cogito* des musulmans à enrichir par leurs connaissances les corpus des pays d'accueil, ce qui les enrichirait en retour.

La confrontation n'est pas inéluctable, pas plus que la disparition des cultures. En sauvegardant les langues, on permet un développement harmonieux de tous dans un monde plus pacifique.

CONCLUSION

Un des apports éthiques majeurs de notre civilisation est très certainement sa conception d'un monde où chaque individu possède sa valeur propre, égale à toutes les autres en principe, et c'est ce qui la distingue sans doute d'autres civilisations passées et présentes, centrées sur des *ubuntus* restreints. Le *cogito* considère que toutes les âmes sont égales, et cela génère en nous l'idée que nous faisons partie, par-delà notre communauté locale, d'un *ubuntu* qui comprend l'humanité toute entière. Mais le *cogito* possède aussi une face plus sombre. En ramenant tout à l'individu, il génère un individualisme exacerbé et un repli sur des *ubuntus* de plus en plus étroits. Il y a là un équilibre à trouver.

Il faudrait que nous adoptions une conception moins cartésienne de notre être dans nos rapports sociaux, et moins prométhéenne dans nos rapports avec la nature. Nous ne sommes pas des singularités aux commandes de notre corps, qui entrent en relation avec les autres sur une base contractuelle, et qui peuvent exploiter la nature sans limites pour assouvir notre désir de biens matériels et ainsi notre reconnaissance par les autres. Le bien-être de tous doit être pris en considération.

Nos pensées et nos idées nous viennent essentiellement de notre communauté linguistique, qui nous transmet par la langue une expérience et une vision du monde stockées dans des corpus de connaissances qui nous disent ce qui existe et comment agir. Dès lors, il conviendrait d'exposer les enfants dans les écoles à une grande diversité de corpus, et non seulement à ceux d'une culture donnée. Une pensée personnelle créative telle que Descartes la concevait est possible, mais seulement au prix d'un dépassement laborieux de notre héritage linguistique et culturel. La créativité ne va pas de soi. Elle n'est pas l'apanage de tous, car le monde tel qu'il existe est ressenti comme non-problématique par la plupart. Il va de soi. Il ne suscite alors pas d'interrogations, et donc pas de quêtes.

Le mystère du monde et l'étonnement qu'il peut produire sont cependant consubstantiels à notre humanité, et ce sont eux qui sont les moteurs des changements et du progrès. Nous sommes enfermés dans le langage, qui est notre frontière. Cette frontière n'est pas intangible et elle peut être déplacée par la création de nouvelles connaissances, qui s'ajoutent alors aux corpus existants. Cependant, toutes les connaissances doivent être critiquées et mises en relations les unes avec les autres afin de produire une image globale éclairante, ce que Schopenhauer appelait des « connaissances métaphysiques ». Elles peuvent alors être introduites dans le langage et la culture, et ainsi être potentiellement comprises par tous.

« Je travaille à peu près assidûment et je souhaite être meilleur et plus intelligent, ce qui est une seule et même chose », dit Wittgenstein à son ami Paul Engelmann[126]. Effectivement, si la connaissance n'est pas une garantie de progrès éthique, « l'intelligence du monde » chère à

---

[126] *Lettres, rencontres, souvenirs*, Ludwig Wittgenstein, Paul Engelmann, éd. Editions de l'éclat, coll. Philosophie imaginaire, 2010, p. 29.

Schopenhauer reste cependant la condition d'un monde meilleur. Mais « il importe peu que les questions restent sans réponse »[127], dit Wittgenstein. Nous devons reconnaître nos limites devant le mystère du monde et rester modestes. « Ce dont on ne peut parler, il faut le taire »[128], dit aussi Wittgenstein.

---

[127] Ibidem, page 164.
[128] Wittgenstein, 1961, *Tractatus logico-philosophicus*, § 7.

RÉFÉRENCES BIBLIOGRAPHIQUES

Arendt Hannah, 1961, 1972, 2007, *La crise de l'Éducation*, Folioplus, Gallimard, Paris.

Arendt Hannah, 1961, 1972, *La crise de la Culture*, Folio essais, Gallimard, Paris.

Austin John Langshaw, 1955, 1970, *Quand dire c'est faire*, Éditions du Seuil, Paris. Traduction française de *How to do things with words*, 1955, par Gilles Lane, 1970.

Capucho F., Martins A., Degache C., Tost. M., 2007, *Diálogos em Intercompreensão*. Universidada Católica Editora.

Cassirer Ernst, 1942, 1991, *Logique des sciences de la culture*, Cerf.

Castagne Eric, 2003, « Comment accéder à l'intercompréhension européenne : quelques pistes inspirées de l'expérience Eurom4 », *Ein Kopf-viele Sprachen : Koexistenz, Interaktion und Vermittlung*, Aachen, Shaker-Verlag, serie « Editiones EuroCom », Band 9, pp. 99-107

Chalmers David, 1996, *The Conscious Mind: in Search of a Fundamental Theory*, OUP.

Churchland Paul, 1999, *Matière et conscience*. Traduit de l'anglais par Gérard Chazal, Éditions Champ Vallon, Seyssel. 1ère publication : 1984, 1993.

Coatzee J. M., 2007, *Diary of a bad year*. The Text Publishing House, Melbourne.

Crick Francis, 1995, *The Astonishing Hypothesis: The Scientific Search For The Soul*. Scribner reprint edition.

Damasio Antonio R., 2001, *L'erreur de Descartes*. Traduit de l'anglais par Marcel Blanc, Éditions Odile Jacob. 1ère publication: A. Grosset/Putnam Books, 1994.

Daval René, « Société humaine et communication significative selon G.H.Mead », *in Revue Philosophique de la France et de l'Etranger*, n°3, juillet septembre 1997, Paris, P.U.F.

Daval René, 1997, *Moore et la philosophie analytique*, Paris, P.U.F.

Daval René, 2000, *Austin*, Ellipses, Paris

Daval René, 2011, « G.E.Moore, J. Austin et la critique de l'illusion descriptive » in *John L. Austin et la philosophie du langage ordinaire*. Dir. S. Laugier et C. Al-Saleh, Hildesheim, Zürich, New York.

De Gaulle Charles, 1959, *Mémoires de guerre. Le salut (1944-1946)*. Plon, Paris.

Dennett Daniel, 1993, *La conscience expliquée*. Traduit de l'anglais par Pascal Engel. Éditions Odile Jacob. 1ère publication : Little, Brown & Cie, 1991.

Descartes René, 1990, *Méditations métaphysiques*. Traduit du latin par Michelle Beyssade. Le Livre de Poche. 1ère publication, Paris, 1641.

Eccles John C., 1997, *Comment la conscience contrôle le cerveau*. Fayard. 1ère publication : Spriger-Verlag, 1994.

Eco Umberto, 1992, *Comment voyager avec un Saumon*. Traduction de Myriem Bouzaher, Paris, Grasset.

Edelman Gerald M., 1992, 2000, *Biologie de la conscience*, Éditions Odile Jacob.

Engelmann Paul, 2010, *Lettres, rencontres, souvenirs, Ludwig Wittgenstein*. Éditions de l'éclat, coll. Philosophie imaginaire.

Escudé Pierre & Janin Pierre, 2010, *Le point sur l'intercompréhension, clé du plurilinguisme*. CLE International, Paris.

Flahault François, 2003, *Le paradoxe de Robinson. Capitalisme et société*. Éditions Mille et une nuits, Paris

Flahault François, 2006, « *Be yourself !* ». *Au-delà de la conception occidentale de l'individu*. Mille et une nuits, Paris.

Flahault François, 2011. *Où est passé le bien commun* ? Mille et une nuits, Arthème Payard, Paris.

Frath Pierre, 1999, « Victimes et bourreaux, corpus et sens lexical », in *RANAM (Recherches Anglaises et Nord-Américaines), n° 32, 1999*, pp.65-80, Strasbourg

Frath Pierre, 2001, « Polysemy, Homonymy and Reference », *Proceedings of the JASGIL Seminar, Strasbourg 5-6 May 2000*, Albert Hamm ed., in *RANAM (Recherches Anglaises et Nord-Américaines), n° 34, 2001*, pp. 43-56, Strasbourg

Frath Pierre, 2002, « Etude du verbe '*commencer*' en contexte », *Journal of French Language Studies, 12.2 (2002)*, pp 169-180, Cambridge University Press

Frath Pierre, 2004, « Metaphor, Polysemy and Usage », in *Phraseological Units: Basic Concepts and their Application.* David Allerton, Nadja Nesselhauf and Paul Skandera (eds.), ICSELL volume 8, Schwabeverlag, Basel, pp 145-156

Frath Pierre, 2005, « Quel multiculturalisme pour quelle société? », in *Les Langues Modernes, n° 4/2005*, 67-71.

Frath Pierre, 2007a, « Le canard est la cerise sur le gâteau : nature dénominative et référentielle des unités phraséologiques », *Problemi idioetnitcheskoï fraseologii (Issues of Idioethnical Phraseology). Actes du colloque des 13-14 novembre 2007*, coord. Nina Kirilova, vol. 4(7), Université Pédagogique Herzen, Saint-Pétersbourg.

Frath Pierre, 2007b, *Signe, référence et usage*. Éditions Le Manuscrit, Paris.

Frath Pierre, 2008a, « Pour *commencer*, il faut arrêter de décoder : plaidoyer pour une linguistique sans métaphysique », *Journal of French Language Studies*, 2008 (18.2), 147-173, Cambridge University Press

Frath Pierre, 2008b, « Une alternative au tout anglais en Europe : pourquoi et comment », *Cahiers de l'Institut de Linguistique de Louvain, CILL 32.1-4 (2006), 237-250*

Frath Pierre, 2011a, « Ontologie du peuple ». In *Actes du Colloque international Représentation(s) du peuple / Representing the people*, Reims les 6 et 7 novembre 2009. François-Xavier Giudicelli, Gilles Sembras & Daniel Thomières, coords. EPURE (Reims).

Frath Pierre, 2011b, « L'enseignement et la recherche doivent continuer de se faire en français dans les universités francophones ». Publié sur les sites de l'*Association des Professeurs de Langues Vivantes* (http://www.aplv-languesmodernes.org/) et de l'*Observatoire Européen du Plurilinguisme* (http://www.observatoireplurilinguisme.eu/). Également dans l'*Atelier du roman*, 2012, Flammarion, Paris.

Frath Pierre, 2014, « There is no recursion in language ». In *Proceedings of the Mons International Conference on "Language and Recursion"*, 14-16 March 2011, Mons, Belgium.

Frath Pierre, 2016, « Référence et dénomination de l'être et du non-être » In *Res-per-nomen V : Négation et référence*. Editions et Presses Universitaires de Reims. Coord. E. Hilgert, S. Palma, R. Daval, P. Frath.

Frege Gottlob, 1971, « Sens et dénotation », in *Écrits logiques et philosophiques*. Traduit de l'allemand par Claude Imbert, Paris, Seuil, 102-126. 1ère publication dans *Zeitschrift für Philosophie und philosophische Kritik* (100), 1892.

Gödel Kurt,1931, « Über formal unentscheidbare Sätze der *Principia Mathematica* und verwandter Systeme », *Monatshefte für Mathematik und Physik, 38*.

Guidère Mathieu, 2013, *Le printemps islamiste : Démocratie et Charia*, Ellipses, pp. 207-209.

Guidère Mathieu, 2014, *Sexe et charia*, Éditions du Rocher, Paris.

Héritier Françoise, 1977, « L'identité samo », dans *L'identité*, C. Levy-Strauss (coord.), Paris, Grasset.

Hobsbawm Eric & Ranger Terence (eds.), 1983, *The Invention of Tradition*. Canto, Cambridge.

Humboldt Guillaume de 1969, *De l'origine des formes grammaticales et de leur influence sur le développement des idées*, Ducros, Bordeaux. 1ère publication dans les *Mémoires de l'Académie de Berlin*, 1822-1823, traduction de A. Tonnelé, 1859.

Kaufmann Jean-Claude, 2004, *L'invention de soi. Une théorie de l'iden*tité. Armand Colin 2004, Hachette 2008, Paris.

Lévy Paul, 1954, « Structure du parler judéo-alsacien », *Revue trimestrielle du FSJU-Strasbourg, Octobre 1954, N°9 3ème année.*

Mauss Marcel, 1923-1924, 1968, « Essai sur le don. Forme et raison de l'échange dans les sociétés archaïques ». Article originalement publié dans *L'Année Sociologique*, seconde série, puis dans *Sociologie et anthropologie*. Paris: PUF.

Mead G. H., 2006, *L'esprit, le soi et la société*, présenté et traduit par D. Cefaï et L. Quéré, Paris, P.U.F.

Merleau-Ponty Maurice, 1945, *Phénoménologie de la perception*. Gallimard, Paris.

Mocikat Ralph & Dieter Hermann, 2014, « La langue allemande pour la science, quel avenir ? ». In *Les Langues Modernes n°1/2014*, dir. P. Frath

Mounin Georges, 1975, *Linguistique et philosophie*. PUF, Paris.

Pascal Blaise, 1670, *Pensées*, Paris.

Peirce Charles Sanders, 1978, *Écrits sur le signe*. Rassemblés, traduits et commentés par Gérard Deledalle, Paris, Seuil.

Popper K. R & Eccles J. C., 1977, *The Self and its Brain*, Berlin-Heidelberg, Springer.

Rastier François, 2001, *Arts et sciences du texte*, PUF, Paris

Rastier François, 2002, *Une introduction aux sciences de la culture*, PUF, Paris.

Rastier François, 2013, *Apprendre pour transmettre. L'éducation contre l'idéologie managériale*, PUF, Paris.

Russell Bertrand, 1950, 1995, *An Inquiry into Meaning and Truth*, Routledge. 1ère publication : George Allen & Unwin, 1950.

Ryle Gilbert, 1949, *The Concept of Mind*. Hutchison, London.

Sapir Edward, 1921, *Language*. Harcourt & Brace, New York

Schopenhauer Arthur, 2010, *Sur le besoin métaphysique de l'humanité*. Traduit de l'allemand par Auguste Burdeau, Mille et une nuits, Paris.

Simeonov Plamen, Smith Leslie and Ehresman Andrée (eds.), 2012, *Integral Biomathics. Tracing the road to reality*. Springer Verlag.

Sperber Dan, 2002, « La communication et le sens », in *Le cerveau, le langage, le sens, dir*. Yves Michaud, Poches Odile Jacob, 301-314.

Varela Francisco, 1989, *Invitation aux sciences cognitives*. Traduit de l'anglais par Pierre Lavoie, Seuil, Paris,. 1ère publication : 1988.

Vercors, 1952, *Les animaux dénaturés* Le Livre de Poche, Paris.

Whorf B. L., 1956, *Language, Thought and Reality*. Wiley & Sons, New York

Wittgenstein Ludwig, 1961, *Tractatus logico-philosophicus* suivi de *Investigations philosophiques*. Traduit de l'allemand par Pierre Klossowski. Paris, Gallimard.

Wittgenstein Ludwig, 1965, *Le cahier bleu et le cahier brun*, Paris, Gallimard. 1ère publication : Basil & Blackwell, Londres, 1958.

Dépôt légal : novembre 2019
Impression à la demande : Lulu Press, Inc. Raleigh (NC-USA)
http://www.lulu.com

www.ingramcontent.com/pod-product-compliance
Lightning Source LLC
Chambersburg PA
CBHW072140270326
41931CB00010B/1828